MARIE-LUISE KREUTER

Der naturgemäße Kräutergarten

BLV GARTEN- UND BLUMENPRAXIS

BLV

Die Deutsche Bibliothek –
CIP-Einheitsaufnahme

Kreuter, Marie-Luise:
Der naturgemäße Kräutergarten /
Marie-Luise Kreuter. – 7. Aufl. –
München; Wien; Zürich: BLV, 1998
(BLV Garten- und Blumenpraxis)
ISBN 3-405-15215-1

7. Auflage

BLV Verlagsgesellschaft mbH
München Wien Zürich
80797 München

BLV Garten- und Blumenpraxis

Lektorat: Wilhelm Eisenreich

Einbandgestaltung: Studio Schübel, München

Gesamtherstellung: R. Oldenbourg, München

Gedruckt auf chlorfrei gebleichtem Papier

Printed in Germany · ISBN 3-405-15215-1

Bildnachweis

Fotos von Werner Dittmer, außer:
Apel: 19 o, 41, 48 r, 66, 67 o, 76, 79 u, 81, 84 l, 85, 87, 88, 89, 100, 105, 115 u, 116, 117
Reinhard: 70, 71, 86
Schrempp: 17, 47, 70, 71, 75, 94, 97 r, 98, 107 u, 108, 110
Seibold: 92, 95, 96, 97 l, 109 o
Stehling: 18, 20, 21, 23, 33 ur, 49, 74, 78 o, 80, 84 r, 90
Sulzberger: 116
Wothe: 16 u, 51, 52

Umschlagfotos: Hans Reinhard

Grafiken: Barbara v. Damnitz

Inhalt

9 Ein Duft aus alten Zeiten

Die bewegte Vergangenheit der Kräuter 9
Alte Kräuter neu entdeckt 12

15 Ein Platz für frische Kräuter

Der ideale Standort 15
Gestaltung eines Kräutergartens 16
Duftende Rabatten und Hecken 18
Gefährten der Sommerblumen 20
Kleiner Küchengarten am Haus 22
Bunte Gewürzmischung im Balkonkasten 24
Kräuter auf der Fensterbank 26

27 Anlage eines Kräutergartens

Die Vorbereitung des Bodens 27
Kompost ist unentbehrlich 27
Keine Wohlstandskost für Kräuter 29
Die Aussaat der einjährigen und zweijährigen Kräuter 30
Vorkultur empfindlicher Kräuter 32
Das Auspflanzen der mehrjährigen Kräuter 34
Die eigene Vermehrung 35
Kräuter-»Quellen« 37

38 Die naturgemäße Pflege des Kräutergartens

Grundlagen für gesundes Wachstum 38
Kräuter helfen Kräutern 40
Biologischer Pflanzenschutz mit natürlichen Mitteln 42
Bio-Tips für den Notfall 43

48 Kräuter halten den Garten gesund

Kräuter in der Mischkultur 48
Kräuter als Bienenweide 51

53 Ernten und aufbewahren

Der richtige Zeitpunkt 53
Trocknen 54
Konservieren in Essig und Öl 57
Einfrieren 59
Frische Kräuter im Winter 60
Damit Sie auf den Geschmack kommen 61
Rezepte für die Küche 61
Rezepte für Heil-Öle 62
Rezepte für den Alltag 63

65 Kräuter stellen sich vor

Einjährige Kräuter 66

Anis 66 – Dill 66 – Kerbel 67 – Koriander 68 – Schnittsellerie 69 – Basilikum 70 – Bohnenkraut 71 – Majoran 72 – Kamille 73 – Ringelblume 74 – Kresse 75 – Kapuzinerkresse 76 – Portulak 76 – Winterportulak 77 – Melde 78 – Boretsch 79 – Knoblauch 80 – Zwiebel 82

Zweijährige Kräuter 83

Kümmel 83 – Petersilie 84 – Löffelkraut 85 – Winterkresse 86 – Stiefmütterchen 87 – Königskerze 88

Mehrjährige Kräuter 89

Angelika 89 – Fenchel 89 – Liebstöckel 90 – Bergbohnenkraut 91 – Lavendel 92 – Melisse 93 – Monarda 94 – Pfefferminze 95 – Rosmarin 96 – Salbei 97 – Thymian 98 – Ysop 99 – Alant 100 – Balsamkraut 101 – Beifuß 102 – Eberraute 102 – Estragon 103 – Rainfarn 104 – Schafgarbe 105 – Wermut 106 – Meerrettich 107 – Brennessel 108 – Tripmadam 108 – Pimpinelle 109 – Weinraute 110 – Duftblatt-Pelargonien 111 – Malve 112 – Johanniskraut 113 – Beinwell 114 – Baldrian 114 – Veilchen 115 – Sauerampfer 116 – Schnittlauch 117

118 Kurzer Kräuter-Wegweiser

126 Bezugsquellen

127 Register

Einführung

Lange Zeit führten die würzigen und heilsamen Kräuter im 20. Jahrhundert ein Schattendasein. Der Glanz des Fortschritts blendete so sehr, daß jahrtausendealte Erfahrungen als altmodisch und überflüssig beiseite geschoben wurden. Statt Kamillen füllten Pillen den Arzneischrank. Der Beifuß am Wegrand galt nur noch als lästiges Unkraut. Die Menschen vergaßen, daß seine Blätter die Weihnachtsgans leichter verdaulich machen und Magenbeschwerden lindern können.

Feldrand »wie früher« mit Kamille und Mohn.

Als die Bauern die Feldränder mit Unkrautvernichtungsmitteln »sauber« spritzten und die Wiesen mit Stickstoff düngten, verschwanden zahlreiche Kräuter auch aus dem alltäglichen Blickfeld der Menschen. Heilpflanzen wurden zu Unkräutern degradiert und als lästiges Übel auf dem Weg zu immer höheren Ernten beseitigt. Schlüsselblumen und Pimpinelle, Kamillen und Feldthymian gerieten bald ebenso in Vergessenheit wie Ackerstiefmütterchen, Schafgarben, wilde Pfefferminze und Klatschmohn. Wer kennt sie noch aus eigener Anschauung? Welches Kind kann heute noch unbekümmert Feldblumensträuße pflücken und die duftenden »Unkräuter« dabei unterscheiden und lieben lernen? Selbst die Mütter kennen sich nicht mehr aus: Statt natürlichen Fencheltee aufzubrühen, geben sie ihren Babies gesüßte Fertiggetränke, die die Zähne verderben!

Auch in den Küchen wurde die arbeitsaufwendige Vielfalt der Gerichte verdrängt. Konserven und gefrorene Fertiggerichte hielten überall Einzug, wo die Zeit der berufstätigen Frauen immer knapper wurde. Petersilie und Schnittlauch vom Supermarkt bildeten meist die einzige frische Würze – ein phantasieloses grünes Einerlei im Vergleich zur duftenden Küche unserer Urgroßmütter. Damals galten Majoran, Thymian, Estragon und Gurkenkraut noch als selbstverständliche Zu-

Seit Jahrhunderten bekannte Kräuter: Origano, Salbei und blau blühender Ysop.

taten zu wohlschmeckenden und bekömmlichen Speisen. Diese Küchenkräuter wuchsen im eigenen Garten zwischen Gemüse und Blumen. Sie konnten stets frisch geerntet werden und schmeckten deshalb unvergleichlich würzig.
Aber auch aus den Gärten verschwanden diese Kräuter nach und nach. Die unscheinbaren Duftpflanzen mußten prächtigen Rosen und farbenfrohen Sommerblumen weichen. Moderne Gärten präsentierten sich als Ziergärten. Sie dienten den Freizeitspielen und manchmal auch dem Geltungsbedürfnis ihrer Bewohner.
Inzwischen haben sich die Zeiten wieder einmal gewandelt. Der Glaube an den unaufhaltsamen industriellen Fortschritt wurde erschüttert. Wir beginnen zu begreifen, daß technische Erleichterungen nicht auf Kosten der Umwelt gehen dürfen. Der Wunsch nach natürlichen, gesunden Lebensbedingungen wird immer stärker. In diesem Zusammenhang kommen auch die guten alten Kräuter wieder zu Ehren. Bei einer normalen Erkältung greifen viele Menschen wieder – wie einst unsere Urgroßmütter – zu Lindenblütentee und Salbei statt zu Antibiotika.
Auch in der Küche kennen sich Köchinnen und Köche wieder aus zwischen Rosmarin, Thymian und Origano. Es duftet nach provenzalischer Würze aus dem Suppentopf oder nach Boretsch und Dill aus der Salatschüssel. Der Wunsch, alle diese würzigen Zutaten auch frisch aus dem eigenen Garten zu ernten, ist nur die logische Folge dieser

Frühlingsbrot mit Kresse und Radieschen.

ebenso wohlriechenden wie gesunden Entwicklung.
In diesem Buch erfahren Sie, wie Sie bekannte und vergessene Küchenkräuter im Garten anpflanzen können. Die Pflege ist sehr einfach und unkompliziert, wenn Sie sich ein wenig mit den Lebensgewohnheiten dieser Pflanzen vertraut machen. Auch zahlreiche Heilkräuter, die in der Landschaft immer mehr verdrängt werden, können in Ihrem Garten eine neue Heimat finden. Dort, wo Sie die Kräuter täglich vor Augen haben, lernen Sie ihre Blätter und Blüten aus der Nähe kennen und werden mit ihren guten Eigenschaften wieder vertraut.
Vor allem für naturgemäße Gärten bedeuten die aromatischen Kräuter mit ihren wertvollen Inhaltsstoffen eine Bereicherung, auf die kein guter Bio-Gärtner verzichten kann. Einige Heil- und Würzpflanzen spielen sogar bei der Schädlingsabwehr eine wichtige Rolle. Andere dienen Bienen und nützlichen Insekten als Honigquelle. Kräuter tragen deshalb nicht nur zum Wohlbefinden des Gärtners und seiner Familie, sondern auch zum gesunden Wachstum der Gartenpflanzen bei.
Dieses Buch möchte Ihnen vor allem praktische Tips für die Anlage eines eigenen Kräutergartens geben. Sie erfahren darin, was Sie tun müssen, damit Ihre Würz- und Heilpflanzen auch selber gesund heranwachsen. Die naturgemäßen Pflege- und Düngemethoden sind hier besonders wichtig, weil Sie ja die meisten Kräuter frisch ernten und direkt verspeisen möchten. Es wäre wohl sehr widersinnig, wenn man ausgerechnet Heilpflanzen mit giftigen Mitteln behandeln wollte.
Sie erhalten zahlreiche Tips für die Ernte und die Konservierung Ihrer selbstgezogenen Kräuter. Rezepte und Arzneien finden Sie allerdings nur als kleine Auswahl – sozusagen zum Schnuppern. Ihre Kenntnis der würzigen Kräuterküche und der alten Hausmittel können Sie durch Spezialliteratur erweitern. Lernen Sie hier die Kräuter zuerst einmal »persönlich« kennen, so wie sie sich in kurzen Porträts vorstellen. Erst wenn Sie dann »Ihren« Salbeistrauch an einem heißen Sommertag im Garten besuchen, den herbwürzigen Duft seiner graugrünen Blätter einatmen, werden Sie zu ahnen beginnen, welcher Reichtum in diesen bescheidenen Pflanzen verborgen ist. Kräuter-Freundschaften fürs Leben wachsen dann ganz von selbst.

Die bewegte Vergangenheit der Kräuter

Die Spur der grünen Kräuter reicht bis in graue Vorzeiten zurück. Wildwachsende Heilpflanzen und würzige Blätter, Wurzeln oder Samen, die den Speisezettel bereicherten, waren schon den Menschen der Steinzeit bekannt. Sie lebten wohl – ähnlich wie Indianer oder wie Naturvölker der Südsee – auf sehr vertrautem Fuß mit der Natur. Genaue Beobachtung und die gesammelten Erfahrungen vieler Generationen vermittelten ihnen ein verläßliches Wissen über die Pflanzen ihrer Umwelt. In Pfahlbauten der Jungsteinzeit fand man bei Ausgrabungen Samenkörner von Mohn, Angelika und Kümmel. Aber dies ist sicherlich nur ein kleiner Ausschnitt aus einem viel umfangreicheren Kräuterschatz. Grüne Blätter sind ja vergänglich und hinterlassen keine archäologischen Spuren!

Genauere Nachrichten aus der Geschichte der Kräuter erreichen uns erst aus den alten Hochkulturen mit ihren schriftlichen Zeugnissen.

Schon Jahrtausende vor der Zeitenwende trugen Chinesen und Sumerer ihr Wissen von den heilsamen Eigenschaften der Kräuter zusammen und schrieben es für die Nachwelt auf. In Indien, Ägypten und Babylonien wurden ebenfalls Arzneipflanzen gesammelt und kultiviert. Einige davon begegnen uns noch heute im Garten und in der Küche: zum Beispiel Thymian, Kümmel, Lorbeer, Dill und Fenchel.

Kräutergarten mit historischen Sorten in Burg Ummendorf bei Magdeburg.

Ein Duft aus alten Zeiten

Die Grundlagen für unsere mitteleuropäischen Kräutergärten aber wurden in der griechischen und römischen Antike gelegt. Berühmte Ärzte und Botaniker erforschten damals die Heilpflanzen ihrer Heimat. Aus eigener Anschauung und Erfahrung schrieben sie ihre später weltberühmten Werke. Hippokrates, Theophrastus, Galenus und Dioskurides beeinflußten bis zum Beginn der Neuzeit die Medizin und die Pflanzenheilkunde des Abendlandes. Die Kräuterkenntnisse aus dem alten Rom überlieferten uns Plinius der Ältere und Columnella.
Die Praxis des Kräutergartens aber stammt von Benediktiner-Mönchen, die über die Alpen wanderten, um Germanen und Franken zu bekehren. In ihrem Reisegepäck lagen neben der Bibel auch die Samen wichtiger Heil- und Würzpflanzen, die in den Ländern rings um das Mittelmeer heimisch waren. So gelangten Salbei, Knoblauch, Thymian, Rosmarin, Raute und viele andere wertvolle Kräuter in die Klostergärten des Mittelalters.
Kaiser Karl der Große trug ebenfalls zur Verbreitung der würzigen Pflanzen bei, die Küchen und Hausapotheken bereicherten. In seinem berühmten Capitulare de villis, einer Verordnung für die kaiserlichen Landgüter, ließ er im Jahre 812 n. Chr. genau beschreiben, welche Kräuter im Garten angebaut werden sollten.
Dabei kam eine stattliche Liste zusammen, die unter anderem folgende Pflanzen enthielt: Salbei, Muskatellersalbei, Raute, Eberraute, Rosmarin, Kümmel, Anis, Kresse, Petersilie, Sellerie, Liebstöckel, Dill, Fenchel, Senf, Bohnenkraut, Krauseminze, Bachminze, Wilde Minze, Schnittlauch, Zwiebeln, Knoblauch, Koriander und Kerbel. Eine solche Fülle kann heute nur noch selten ein Kräutergarten bieten.
Aus den von Mauern geschützten Kloster- und Burggärten wanderten die Kräuter im Laufe der Jahrhunderte langsam in die Bauerngärten. Als im ausgehenden Mittelalter die Buchdruckerkunst erfunden wurde, gelangte die Kunde von den Heilpflanzen zusammen mit zahlreichen Rezepten auch unter das »gemeine Volk«. In den Büchern der berühmten »Kräuterväter« Otho Brunfels, Leonhard Fuchs, Hieronymus Bock, Petrus Andreas Matthiolus und Jacobus Theodorus Tabernaemontanus konnte jeder, der schreiben gelernt hatte, nachlesen, wie die geheimnisvollen Kräuter beschaffen waren und wie sie wirkten. Das überlieferte Wissen der Antike und des Mittelalters wurde in diesen umfangreichen Büchern gesammelt und in deutscher Sprache verständlich dargestellt. Noch heute bedeuten diese Werke eine Fundgrube für jeden, der sich die Mühe macht, die dicken Folianten zu wälzen. Als Faksimile-Drucke sind sie jedem Kräuterliebhaber wieder zugänglich.

Reichhaltiger Gewürz- und Heilpflanzengarten bei einem alten Schwedenhaus in Ystad.

Mündlich und schriftlich wurden die Erfahrungen mit Heilpflanzen und Gewürzen in einer ununterbrochenen Kette bis zum Beginn des 20. Jahrhunderts weitergegeben. Manchmal rankten sich uralte Geschichten und magische Bräuche um besonders beliebte »heilige Kräuter«. Aber die Menschen blieben dennoch im alltäglichen Umgang mit diesen außergewöhnlichen Gewächsen vertraut. Ihr Nutzen auf vielen Gebieten des Lebens überwog gelegentlichen Mißbrauch. Erst im Zeitalter der Industrie und der Technik brach die lebendige Überlieferung ab, die die Erfahrungen bisher von einer Generation zur anderen weitergegeben hatte. Viele Rezepte gerieten in Vergessenheit.

Ein Duft aus alten Zeiten

Alte Kräuter neu entdeckt

Rund 50 Jahre lang – etwa von den zwanziger bis zu den siebziger Jahren – glaubte man auf etwas so »Primitives« wie die einfachen Kräuter vom Wegrand verzichten zu können. Die Chemie eroberte mit rasch wirkenden Pillen und Spritzen die Medizin. Die wichtigsten Heilmittel stammten nicht mehr aus der Natur, sondern aus den Retorten der Fabriken.
Auch aus den Küchen verschwanden viele Naturprodukte, darunter auch die abwechslungsreiche Vielfalt der Kräuter. Statt mit Rote-Bete-Saft färbte man Speisen mit künstlichem Farbstoff; echte Vanillestangen wurden durch »handlichen«, aber synthetisch hergestellten Vanillezucker ersetzt. Die Kochkunst verarmte, während Konserven und Fertiggerichte das Leben angeblich erleichterten. Selbstgemachtes geriet in den Geruch des Hinterwäldlerischen. Moderne Menschen hatten es nicht mehr nötig, ihre Kohlköpfe mühsam selber heranzuziehen. Daß ihnen bei der Umwandlung ihrer

Bunter Bauerngarten mit Kräutern (vorn), Gemüse und heilkräftigen Ringelblumen.

Ein Duft aus alten Zeiten

Nutzgärten in dekorative Oasen auch die bescheidenen Kräuter abhanden kamen, merkten die meisten überhaupt nicht.
Die Erkenntnis, daß der Fortschritt auch gefährliche Verluste an natürlicher Lebensqualität mit sich brachte, verbreitete sich erst in den siebziger Jahren wieder. Viele Menschen besannen sich darauf, daß die Natur nicht ungestraft vernachlässigt werden darf. Millionen waren inzwischen an übermäßigen Pillenkonsum gewöhnt und mußten dies oft mit unangenehmen Nebenwirkungen bezahlen. In käuflichen Nahrungsmitteln wurden immer häufiger schädliche Stoffe entdeckt. Die Rückbesinnung auf einfachere und gesündere Lebensformen begann.
In dieser beängstigenden Situation, in der der Moloch Fortschritt bereits dunkle Schatten auf alle Bereiche des privaten Lebens warf, entdeckten die Menschen auch die Vorteile der einfachen Kräuter wieder.
Als wirksame Medizin bei zahlreichen Alltagsbeschwerden helfen Heilpflanzen ebenso zuverlässig wie vor tausend Jahren. Sie verursachen keine schädlichen Nebenwirkungen. Allerdings darf man auch nicht leichtfertig mit dieser Naturarznei umgehen. Bei ernsthaften Krankheiten ist der Besuch beim Arzt unerläßlich. Und vor allem: Ehe man Heilkräuter benutzt, muß man sie zuerst einmal genau kennenlernen. Wer aber kann heute noch – wie früher – seine Großmutter nach

Vorgezogene Kräuter können Sie kaufen.

Kamillenrezepten fragen? So müssen Bücher und Vorträge die Lücke zwischen den Generationen füllen und das Wissen von den heilsamen Kräutern erneut »unter die Leute« tragen.
Dabei können neben den alten Erfahrungen auch neueste wissenschaftliche Erkenntnisse weitergereicht werden: Durch chemische Analysen wurden zahlreiche Wirkstoffe in den bekanntesten Kräutern isoliert und näher bestimmt. In den meisten Fällen konnten dabei medizinisch wirksame Substanzen festgestellt werden; die seit langem bekannten wohltuenden Eigenschaften der Kräuter wurden dadurch nachträglich bestätigt.

Teevorräte aus dem eigenen Kräutergarten sind wertvolle Naturmedizin.

Auch in der Küche sind Würzkräuter wieder gefragt. Mancher kam während einer Ferienreise auf den Geschmack und brachte aus Italien oder Spanien das Rezept für ein duftendes Rosmarin-Hähnchen oder für Tomatensalat mit Basilikum mit. Der Wunsch nach einer großen Auswahl frischer Kräuter ist inzwischen weitverbreitet. Sogar die Supermärkte bieten schon würzige Besonderheiten, wie Estragon, Zitronenmelisse und Liebstöckel, an. Das beste und intensivste Aroma haben aber immer noch diejenigen Kräuter, die Sie im eigenen Garten oder auf der Fensterbank ganz frisch pflücken und verarbeiten. Dabei kommen nicht nur die Feinschmecker auf ihre Kosten. Jedes Gewürzkraut ist gleichzeitig auch ein Heilkraut. Eine phantasievolle Kräuter-Köchin versorgt also ihre Familie ständig mit natürlicher, grüner Arznei. Majoran am Braten bedeutet eine Wohltat für den Magen und den Darmbereich; Melisse im Salat beruhigt gleichzeitig ein wenig die aufgeregten Nerven.

Zur Wiederentdeckung der Kräuter haben sicherlich auch die zahlreichen Bio-Gärtner beigetragen, die die heilsamen Duftpflanzen sehr bewußt in ihre Gartenplanung einbeziehen. Oft greifen sie dabei auf Erfahrungen aus alten Bauerngärten zurück. Ich hoffe, daß auch Sie sich durch dieses Buch dazu verlocken und anleiten lassen, wieder möglichst viele Kräuter im eigenen Garten anzupflanzen. Sie werden dabei nicht nur den bezaubernden Duft aus alten Zeiten neu entdecken. Kräuter können Ihnen gesunde Freuden in vielen Lebensbereichen schenken.

Ein Platz für frische Kräuter

In jedem Garten findet sich noch ein Plätzchen für eine kleine Kräuterauswahl. Es darf nur keine Zufallsecke sein. Denn die würzigen Pflanzen brauchen gute Lebensbedingungen, um ihre wertvollen Inhaltsstoffe zu entwickeln. Wenn sie am richtigen Platz stehen, bereitet ihre Pflege aber keine Schwierigkeiten. Dann gedeihen Kräuter am Rand eines Gemüsebeetes ebenso bereitwillig wie in einem Kasten vor dem Küchenfenster.

Malven wachsen an sonnigen Wegrändern.

Der ideale Standort

Die meisten unserer Gewürzkräuter stammen ebenso wie manche Heilpflanzen aus den warmen Ländern rings um das Mittelmeer. Obgleich sie sich bereits seit Jahrtausenden an unser rauheres Klima gewöhnt haben, können sie auf zwei Dinge nicht verzichten: auf Licht und Wärme. Suchen Sie deshalb stets den sonnigsten Platz im Garten oder am Haus für Ihre Kräuter aus. Der Standort sollte möglichst geschützt sein. Vor einer hellen Südwand herrschen zum Beispiel ideale »heimatliche« Verhältnisse.
Leichter, humoser Boden mit gutem Wasserabfluß bietet eine gesunde Grundlage für die Mittelmeerpflanzen, die in den Ursprungsländern oft an trockenen Felsenhängen oder in steppenartigen Landschaften gedeihen. Zuviele Nährstoffe und zuviel Wasser schaden den meisten Kräutern. Zu den Südländern, die sich unter sonnigen, ein wenig asketischen Lebensbedingungen wohlfühlen, gehören zum Beispiel: Rosmarin, Lavendel, Thymian, Origano, Weinraute, Salbei, Ysop, Eberraute, Bohnenkraut, Majoran, Melisse, Koriander und Fenchel.
In unseren Kräutergärten gedeihen aber auch Gewächse, die in Mitteleuropa heimisch sind. Einige wachsen noch heute in ihrer Wildform auf

Wilder Lavendel am warmen Felsenhang.

Ein Platz für frische Kräuter

Großes Kräuterbeet mit Boretsch (vorn), Estragon (rechts) und Zitronenmelisse.

Wiesen, am Bachufer oder am Wegrand. Diese Pflanzen lieben zum Teil etwas feuchtere, nährstoffreichere Bedingungen, so wie sie es an ihren natürlichen Standorten gewöhnt sind. Sie vertragen auch leichten Schatten.

Zu den Kräutern, die von heimischen Wildpflanzen abstammen, gehören zum Beispiel Sauerampfer, Löffelkraut, Winterkresse, Beifuß, Wermut, Engelwurz, Kleiner Wiesenknopf (Pimpinelle), Pfefferminze, Schnittlauch, Kümmel und Schnittsellerie.

Ungeeignet für alle Kräuter sind Gartenplätze im tiefen Schatten, zum Beispiel unter Bäumen. Zugige Ecken sollten Sie ebenso vermeiden wie schlechte Durchlüftung durch zu enge Nachbarschaft. Schwere Böden und Staunässe vertragen Kräuter überhaupt nicht. Solche Standorte sollten Sie entweder ganz meiden oder aber grundlegend durch Dränage und Bodenlockerung verbessern. Die besten Erfolge werden Sie immer dann erreichen, wenn Sie die Kräuter ihrer Natur gemäß behandeln.

Gestaltung eines Kräutergartens

Gestalt und Größe eines Kräutergartens sind von keiner Norm abhängig. Sie richten sich ganz nach

dem Umfang des Grundstücks und nach den Wünschen des Gärtners. Ideal ist es natürlich, wenn Sie innerhalb Ihres Gemüse-, Obst- oder Ziergartens einen richtigen, abgegrenzten Kräutergarten anlegen können. Unterteilen Sie diesen Bereich in mehrere kleine Beete, zwischen denen schmale Wege hindurchführen. Niedrige Buchsbaumhecken können als grüne Grenze das Reich der Kräuter vom restlichen Garten abschirmen. So ähnlich – streng und klar – waren die Kräutergärten in alten Kloster- oder Schloßanlagen gestaltet.
Die Aufteilung in einzelne Beete bietet ein reizvolles Bild von altmodischem Zauber; sie ist aber zugleich sehr praktisch. Sie können die verschiedenen Kräuter übersichtlich anordnen und nach ihren unterschiedlichen Gewohnheiten pflegen. Die Wege erleichtern Ihnen das Pflanzen, Säen, Jäten und Gießen. Auch bei der Ernte können Sie alle Pflanzen gut erreichen.
Als Material für Wege oder schmale Pfade eignen sich Ziegelsteine, Natursteinplatten oder Pflastersteine. Holzpflaster oder eine dicke Rindenmulchschicht passen sich dem Charakter eines naturgemäßen Kräutergartens besonders gut an.

Die Beete dieses historischen Kräutergartens sind mit Buchsbaum eingefaßt.

Ein Platz für frische Kräuter

Kräuter am Rand der Gemüsebeete.

Kräuter zwischen Sommerblumen und Gemüse.

Kiesbestreute Wege erinnern an alte Bauerngärten. Sie wirken stimmungsvoll, bereiten aber mehr Arbeit, weil sie oft glattgeharkt und manchmal auch von Unkraut gesäubert werden müssen.
Weder die Wege noch die Beete eines Kräutergartens müssen unbedingt geradlinig angelegt werden. Sanft geschwungene Pfade und abgerundete oder ornamentale Beetformen können sehr reizvoll wirken. Die Gestaltung bleibt ganz dem Temperament und dem Gefühl des Kräutergärtners überlassen. Die Abbildungen in diesem Kapitel sollen Ihnen nur als Anregung dienen, um die eigene Phantasie zu beflügeln.

Duftende Rabatten und Hecken

Wenn Sie nicht genug Platz für einen in sich geschlossenen Kräutergarten haben, dann können Sie auch am Rande des Gemüsegartens einen schmalen Streifen für Würzpflanzen reservieren. Schon ein Beet von 1 m Breite und 3–5 m Länge bietet genügend Raum für eine interessante Auswahl. Sie können dort eine bunte Mischung aus duftenden Würzpflanzen ansiedeln, die gleichzeitig einen hübschen, dekorativen Anblick bieten. So entsteht eine Rabatte aus ebenso nützlichen wie schönen Gewächsen, die den Gemüsegarten an einer Seite begrenzt.
Das »Gerüst« der Pflanzung sollte aus dauerhaften Staudenkräutern bestehen, die sich über längere Zeit an ihrem Standort ausbreiten können. Dazu eignen sich zum Beispiel Salbei, Lavendel, Eberraute, Ysop, Origano, Thymian, Quendel, Weinraute, Wermut, Zitronenmelisse, Indianernessel und Balsamkraut. Der herbduftende Salbei entwickelt

sich zu kniehohen holzigen Sträuchern mit graugrünen schmalen Blättern und violett-blauen Blüten. Außerdem gibt es sehr reizvolle buntblättrige Arten, die alle vom Gewürz- und Heilsalbei *(Salvia officinalis)* abstammen. Eine kleine Sammlung dieser Stauden wirkt bildschön. Der Ziersalbei mit seinen leuchtendblauen Blütenkerzen hat dagegen für die Gewürz-Rabatte keinen »eßbaren« Wert. Sie können ihn höchstens als entfernten Verwandten und farbigen Blickpunkt dort einfügen.
Farben und anmutige Blüten bringen auch Lavendel, Ysop, Origano und Indianernessel in Ihre Rabatte. Mit besonders dekorativen Blattformen tragen Weinraute, Eberraute und Wermut zur Schönheit der Anlage bei. Den Rand des Beetes können Sie mit niedrigen Polstern aus Thymian oder Schnittlauch einfassen. Zwischen den ausdauernden Stauden bleibt an einigen Stellen genügend Platz frei, um noch kleine Portionen einjähriger Kräuter auszusäen. Ganz nach eigenem Geschmack können Sie dort Majoran, Bohnenkraut, Basilikum und Kerbel einfügen. Diese Rabatte gewinnt einen besonderen Reiz durch die starken, sehr verschiedenartigen Wohlgerüche, die von ihr ausströmen. Die Pflanzenauswahl ist ganz auf würzige Düfte abgestimmt.
Einige strauchartig wachsende Kräuter eignen sich auch als Heckenpflanzen. Sie vertragen einen

In Form geschnittene Lavendelhecke.

Buntblättriger Salbei ist eine Zierde.

Rückschnitt mit der Schere und bilden dann dichte, niedrige Einfassungen, ähnlich wie die Buchsbaumhecken im Bauerngarten. Sie können mit solchen Pflanzen Beete oder Wege einfassen. Herrliche Düfte werden Sie dann auf Schritt und Tritt im Sommergarten begleiten; und ganz nebenbei können Sie auch Gewürzblättchen für die

Küche oder Teesträußchen zum Trocknen ernten.
Folgende Pflanzen eignen sich für niedrige Duft-Hecken: Lavendel, Eberraute, Heiligenkraut *(Santolina chamaecyparissus)* und niedrige Wermut-Arten. Die nähere Beschreibung von Lavendel, Eberraute und Wermut finden Sie im zweiten Teil dieses Buches. Das Heiligenkraut ist keine Pflanze zum Aufessen, bildet aber eine wohlriechende Ergänzung des Kräutergartens. Seine silbergrauen, duftenden Blätter passen gut zur Gesellschaft der Gewürzpflanzen, die ja überwiegend grün-grau-silbern getönt sind.

Gefährten der Sommerblumen

Zahlreiche Gewürz- und Teekräuter sehen sehr apart und dekorativ aus. Ihre oft ornamental geformten Blätter und farbigen Blüten machen sie zu Schmuckstücken, die sich auch im Ziergarten sehen lassen können. Wenn Sie also nur einen kleinen Garten mit ein paar Sträuchern, Rosen und Sommerblumen hinter Ihrem Haus besitzen, brauchen Sie auf Kräuter dennoch nicht zu verzichten. »Schmuggeln« Sie sie einfach zwischen die Zierpflanzen. So läßt sich das Angenehme mit dem Nützlichen verbinden.
In ein Staudenbeet passen zum Beispiel im vorderen Bereich zwischen Margeriten, Gemswurz, Glockenblumen und Schafgarben auch Salbei, Lavendel, Origano, Weinraute, Ysop und Balsamkraut. Zu den mittleren und hohen Stauden im Hintergrund können sich Alant, Indianernessel, Teefenchel, Engelwurz und Liebstöckel gesellen. Am Rand des Beetes bilden Thymian oder Tripmadam hübsche Polster. Selbst Schnittlauchstauden wirken zur Blütezeit wie heitere Blumensträuße. Sogar ein Büschel sattgrüne Petersilie oder ein Eckchen blühendes Bohnenkraut lassen sich mit etwas Geschick zwischen Sommerstauden einordnen.
Auch ein- und zweijährige Sommerblumen können Sie mit Kräutern kombinieren, ohne daß diese als Fremdkörper wirken. Hier ist die Grenze zwischen Nutz- und Zierpflanzen sehr fließend. Ringelblumen, Kapuzinerkresse, Königskerzen und Malven gehören sowohl

Blühende Nachbarn: Margeriten und Dill.

Kreisförmige Beete mit Schnittlauch, Sommerblumen und Gemüse.

Lavendel und Thymian in einer gemischten Pflanzung mit Stauden und Gehölzen.

zu den vertrauten Sommerschönheiten des Blumengartens als auch zu den uralten Heilpflanzen.
Sehr hübsch können auch einige Boretschpflanzen im Ziergarten wirken. Ihre sternförmigen Blüten in himmelblauen und rosa Farben lokken Bienen und andere Insekten in Scharen an. Dieses kräftige Kraut braucht aber reichlich Platz; es kann zartere Blumen in der Nachbarschaft leicht verdrängen.
Portulak, zartgefiederter Koriander, Löffelkraut und Winterportulak können Sie ebenso unter die Sommerblumen mischen wie ein wenig Majoran, Kresse und Kerbel.
In den bunten Bauerngärten der Jahrhundertwende kannte man die strenge Trennung zwischen Nutz-

und Ziergarten nicht. In heiterer Gesellschaft gediehen hier Kräuter, Blumen und Salatköpfe nebeneinander. Meist bildeten Küchen- und Heilpflanzen zusammen mit Stauden und Sommerblumen eine bunte Rabatte rings um die Gemüsebeete. Hier wuchsen neben Salbei, Bohnenkraut, Wermut, Fenchel, Melisse, Petersilie, Dill und Gurkenkraut die anmutigen Blumen, die seit Jahrhunderten im Bauerngarten zu Hause waren: Ringelblumen, Madonnenlilien, Goldlack, Schwertlilien, Pfingstrosen, Akeleien, Margeriten, Tränendes Herz, Veilchen und Maßliebchen. Auch diese stimmungsvolle Mischung aus vergangenen Zeiten könnten Sie sich als Vorbild für ein kleines buntes Kräutergärtchen wählen.
Schließlich gedeihen auch in einem Steingarten eine ganze Reihe würziger Gewächse. Vor allem die Kräuter aus den Mittelmeerländern lieben solche Standorte. Die Gebirgspflanzen des Steingartens benötigen ja genau wie sie eine sonnige Lage, mageren Boden und guten Wasserabzug. Hier können Sie Lavendel, Thymian, Quendel, Ysop, Salbei, Eberraute, Weinraute, Origano, Römische Kamille, Katzenminze, Bergbohnenkraut und Tripmadam pflanzen. Über Sommer fühlt sich an einem sonnigen Steingartenhang auch der Rosmarin wohl, wenn Sie seinen Topf in die Erde versenken. Er ist aber nicht winterhart.

Kleiner Küchengarten am Haus

Hausfrauen und Hobbyköche finden es praktisch, wenn sie frische Kräuter nahe bei der Küche stets griffbereit haben. Diese Lösung bietet sich auch an, wenn das Grundstück sehr klein ist. Vor einer warmen, geschützten Südwand, vielleicht direkt neben der Terrasse, können Sie einen mobilen Kräutergarten in Töpfen, Kübeln und Kästen anlegen. Eine sonnige Süd-West-Ecke eignet sich ebenfalls. Die Ostseite ist im Winter zu kalt und erhält zu wenig Sonne; der schattige, kalte Norden ist für Kräuter ganz ungeeignet.
Je größer die Gefäße sind, desto bessere Lebensmöglichkeiten bieten sie den Pflanzen. Die Wurzeln können sich ausdehnen, Wasser und Nährstoffe sind nicht so schnell verbraucht. Sehr hohe Töpfe oder Kübel brauchen Sie aber nur für Pflanzen mit tiefreichenden Wurzeln. Im allgemeinen sind geräumige Pflanzschalen, mittlere Tontöpfe und breite Blumenkästen ausreichend.
Wenn Ihr kleiner Küchengarten nicht nur praktisch, sondern auch hübsch wirken soll, dann kombinieren Sie am besten dekorative Terrakotta-Gefäße, rustikale Steinguttöpfe und Holzkästen miteinander. Die Zusammenstellung einer solchen mobilen Kräutergesellschaft ist natürlich sehr variabel. Sie wird immer den Geschmack des einzel-

nen spiegeln und kann sich von Jahr zu Jahr wandeln.
In Kästen und Schalen können Sie die meisten ein- und zweijährigen Kräuter aussäen. Mehrjährige Stauden sollten Sie in getrennten Töpfen oder Kästen halten, weil sie über Winter eine besondere Pflege brauchen. Rosmarin ist zum Beispiel nicht frosthart. Der kleine Strauch muß im Herbst ins Haus geholt werden. An einem kühlen, aber hellen Platz kann er dort gefahrlos überwintern. Unter den gleichen Bedingungen könnten Sie auch eingetopften Salbei, Thymian, Ysop und Eberraute in der kalten Jahreszeit halten. Diese Pflanzen dürfen aber auch im Freiland bleiben. Da kleinere Gefäße rasch durchfrieren, müssen Sie sie dann vor Kälte schützen. Ideal wäre zu diesem Zweck eine große Kiste mit feuchtem Sand, in die Sie die Töpfe einsenken. Notfalls bildet auch eine Noppenfolie eine schützende Hülle.

Reichhaltige Küchenkräutersammlung in einem geräumigen Holzkasten.

An heißen Frühlings- und Sommertagen trocknen Kästen und Blumentöpfe dagegen rasch aus. Dann müssen Sie immer wieder gießen – am besten morgens oder abends. Verwenden Sie als langsam fließende Nahrungsquelle einen organischen Dünger, zum Beispiel Hornspäne, die im Frühling unter die Erde gemischt werden.
Als dekorative Kübelpflanzen können Sie Lorbeerbäumchen, alte Rosmarinsträucher und Myrten in Ihren kleinen Küchengarten stellen. Eine Zeitlang halten sich auch Rosen in großen Pflanzgefäßen. Altmodische Zentifolien oder die »Apotheker-Rose« (*Rosa gallica* 'Officinalis') passen am besten in die Gesellschaft der Kräuter und Arzneipflanzen. Außer ihrer Schönheit und ihrem betörenden Duft bringen sie auch heilsame Inhaltsstoffe mit. Fortgeschrittene Kräutergärtner benutzen frische Rosenblütenblätter als Badezusatz und als Würze zu Desserts oder Getränken.

Bunte Gewürzmischung im Balkonkasten

Selbst wenn Sie nur einen Balkon besitzen, können Sie getrost unter die Kräutergärtner gehen. Wie

Frühlingsblumen und Kräuter bilden eine hübsche Mischung (oben). Vor dem Fenster stehen Gewürzpflanzen griffbereit (Mitte). Dekoratives Lorbeerbäumchen (unten).

schon im Küchengarten beschrieben, eignen sich zahlreiche Würzpflanzen auch für die Aussaat im Kasten. Wählen Sie zum Beispiel unter Kresse, Kerbel, Dill, Boretsch, Portulak, Majoran, Basilikum, Bohnenkraut und Petersilie.

Von den Staudenkräutern fühlen sich Salbei, Thymian, Estragon, Origano, Ysop, Melisse und Pfefferminze eine Zeitlang auch in Kästen oder großen Töpfen wohl. So alt wie im Garten werden sie in den meisten Fällen nicht. Aber in der Zwischenzeit können Sie Ihre Bestände ja durch eigene Ableger wieder vermehren.

Achten Sie bei der Vorbereitung Ihrer Kästen und Töpfe darauf, daß stets für guten Wasserabzug gesorgt ist. Alle Gefäße müssen unbedingt mit großen Löchern im Boden versehen sein. Legen Sie über diese Öffnungen einige Tonscherben oder flache Kieselsteine, damit sie nicht verstopfen. Dann füllen Sie als unterste Schicht 1–2 cm hoch Sand oder Kies ein.

Fertig käufliche Blumenerde ist in den meisten Fällen keine gesunde Grundlage für Gewürzkräuter. Sie besteht überwiegend aus Torf und reagiert deshalb sehr sauer. Wenn es irgend möglich ist, sollten Sie die Balkonkastenerde selber mischen aus je einem Drittel reifem Kompost, Sand und Rindenhumus. Vor der Pflanzung streuen Sie in die halbgefüllten Kästen Hornspäne als Vorratsnahrung. 2 Handvoll Dünger reichen aus für einen 1 m langen Kasten. Die Hornspäne vermischen Sie mit dem Humus und füllen dann die restliche Erde darüber. Dieser Vorrat reicht bei Kräutern für einen ganzen Sommer. Nur wenn die Kästen sehr dicht bewachsen sind oder wenn sie mit Sommerblumen gemischt werden, gießen Sie von Juni bis August noch einmal im Monat etwas Flüssigdünger in den Wurzelbereich. Dazu eignen sich organische Dünger, die im Gießwasser aufgelöst werden, oder selbstgemachte Brennessel-Jauche.

Auf dem Balkon wirken Kräuterkästen besonders anmutig, wenn sie mit Blumen »durchflochten« sind. Die Auswahl von Würzpflanzen und Sommerblüten muß natürlich sinnvoll aufeinander abgestimmt sein. So fügt sich zum Beispiel die Kapuzinerkresse sehr gut in diese Gemeinschaft, weil ihre leuchtendgelben oder orangefarbenen Blüten

Zutaten für selbstgemischte Kasten-Erde.

Ein Platz für frische Kräuter

Kräuter gedeihen auch im Balkonkasten.

ebenso schön wie wohlschmekkend sind. Heliotrop, Studentenblumen, das süß riechende Steinkraut, Sommernelken und die alte Duftpflanze Reseda bilden ebenfalls eine harmonische Ergänzung zu den würzigen Kräutern.

Kräuter auf der Fensterbank

Das kleinste Duft- und Würzgärtchen kann auf einer hellen, warmen Fensterbank entstehen. In Blumentöpfen und Schalen findet hier eine kleine Kräuter-Auswahl genügend Lebensraum. Ab und zu dürfen für die Küche ein paar Blättchen abgezupft werden. Aber diese Pflanzen sollten nie zu sehr geplündert werden, damit sie immer ein hübscher Anblick bleiben.

Das feurig-würzige Basilikum gedeiht im Blumentopf an einem warmen Platz oft besser als im Garten. Auch Rosmarin kann gut auf der Fensterbank gezogen werden. Bei einfühlsamer Pflege wachsen Thymian, Salbei, Ysop und Melisse ebenfalls im Blumentopf. Natürlich gehören auf die Küchenfensterbank auch Schnittlauch, Petersilie und die »leichtlebige« Kresse.

Wer eine nostalgische Atmosphäre liebt, der sollte sich eine Sammlung der zauberhaften Duftblatt-Pelargonien zulegen. Sie verströmen, je nach Sorte, die Wohlgerüche von Zitronen, Rosen, Pfefferminze oder Äpfeln. Diese altmodischen Kostbarkeiten werden von Spezialgärtnereien in verlockender Fülle angeboten. (Adressen finden Sie im Bezugsquellen-Verzeichnis.)

Von links nach rechts: Schnittlauch, Thymian, Melisse, Boretsch, Basilikum, Rosmarin.

Die Vorbereitung des Bodens

Nachdem Sie einen günstigen Platz für Ihre Kräuter im Garten ausgesucht haben, gehört die Bodenvorbereitung zu den wichtigsten Vorarbeiten. Sie wissen ja schon, daß lockere Erde und guter Wasserabfluß die Grundlage für gesundes Kräuterwachstum sind. Prüfen Sie, wie Ihre Gartenerde beschaffen ist:

- Krümeliger, leicht sandiger Humus ist ideal.
- Schwerer, fetter Lehmboden muß unbedingt gelockert werden. Verwenden Sie dazu reinen Sand und regelmäßige Kompostgaben. Sehr günstig wirkt sich eine tiefwurzelnde Gründüngung aus, die ein Jahr vor der Anlage des Kräutergartens auf der gesamten Fläche als Vorkultur ausgesät wird (Bezugsquellen im Anhang).
- Magerer Sandboden ist für die Gewürzpflanzen aus dem Süden günstig. Reichern Sie ihn mit Tonmehl und Kompost an. Die Erde wird dann mit der Zeit bindiger und humusreicher.

Wenn Ihr Garten sehr schweren, tonhaltigen Boden besitzt, in dessen Unterschicht sich das Wasser staut, dann müssen Sie unbedingt für eine Dränageschicht sorgen. Am besten errichten Sie unter diesen für Kräuter ungünstigen Umständen ein Hochbeet.

Heben Sie dafür zunächst auf der gesamten Fläche eine 30–50 cm tiefe Grube aus. Die Bodenschicht wird mit grobem Kies angefüllt. Dann folgt eine Lage Sand. Darüber häufen Sie zerkleinerten Baumschnitt oder Reisig auf. Erst dann wird Humus aufgefüllt. Lockern Sie auch diese Gartenerde vorher gründlich auf, indem Sie reichlich Kompost und Sand daruntermischen.

Fassen Sie dieses Beet mit einer 30–50 cm hohen Begrenzung aus Rundhölzern ein, die vorher einen Bioschutzanstrich erhalten. Auch Bruchsteine, die zu einem Trockenmäuerchen aufgeschichtet werden, eignen sich. Auf diese Weise heben Sie Ihr Kräuterbeet aus dem schweren Boden des Gartens heraus und sorgen gleichzeitig für guten Wasserabzug.

Kompost ist unentbehrlich

Die beste Bodenpflege für Ihren Kräutergarten besteht in regelmäßiger Kompostversorgung. Diese selbstgemachte Supererde, die aus den Abfällen des Gartenjahres entsteht, bildet die Grundlage jeder naturgemäßen Pflege. Selbst auf kleinen Grundstücken ist genügend Platz vorhanden, um im Schatten eines Strauches ein Kompostsilo aufzustellen. Wer mehr Raum zur Verfügung hat, der legt einen richtigen Kompostplatz mit Mieten, Silo und Jauchetonnen an. Das Grundrezept des Kompostierens ist für

Ein Kompostsilo benötigt nur wenig Platz.

Kompostdüngung im Frühling.

alle Anlagen gleich. Sammeln Sie die organischen Abfälle des Gartens, wie zum Beispiel verwelkte Blumen, Kohlblätter, Bohnenstroh, Heckenschnitt und Gras. Auch Küchenabfälle, wie Kartoffelschalen, Gemüsereste, Kaffeesatz, Tee und Schnittblumen, können verwertet werden.

Zerkleinern Sie zunächst die verschiedenen Stoffe mit dem Spaten oder mit einer Gartenschere in höchstens handbreite Stücke. Ein Schredder oder Häcksler erledigt diese Arbeit besonders schnell und gründlich. Je kleiner die Abfälle auf den Kompost gelangen, desto rascher verrotten sie zu wertvollem Humus.

Sehr wichtig ist auch, daß Sie stets trockene und feuchte Substanzen miteinander vermischen; denn die Kompostmasse darf weder faulignaß noch hart und trocken sein. Schichten Sie stets eine größere Menge im Silo oder in einer Miete auf, denn flache Schichten erwärmen sich nicht genügend. In der ersten Phase der Rotte muß Ihr Kompost aber Hitze entwickeln, damit die Zersetzung harmonisch ablaufen kann.

Schichten Sie immer Lagen von etwa 20 cm Höhe auf, und streuen Sie dann ein wenig organischen Dünger und hauchdünn Kalk (am besten Algenkalk) darüber. Auch einen Kompoststarter (verschiedene Bio-Produkte werden im Handel angeboten) können Sie noch hinzu-

fügen. Diese Präparate beschleunigen die Rotte.
Einen ähnlich günstigen »Anlauf« erreichen Sie auch, wenn Sie ein paar Schaufeln voll Kompost von einem bereits fertigen Haufen zwischen die Abfälle verteilen. Diese Erde wimmelt von nützlichen Pilzen und Mikroorganismen, die bei der Zersetzung eine wichtige Rolle spielen. Sie wirken wie eine positive Impfung und bringen die Abbau-Prozesse in Schwung.
Zum Schutz gegen Kälte, Nässe und Wind werden fertige Kompostmieten mit einem Mantel aus Stroh, Laub, Gras oder alten Säcken abgedeckt. Über ein Silo legen Sie nur bei anhaltendem Regen eine Schutzfolie. Im Winter breiten Sie als oberste Lage eine warme Laubschicht auf dem Kompostmaterial aus. Merken Sie sich für eine erfolgreiche Kompostierung diese wichtigsten Regeln:

- Der Kompost braucht Luft und Sauerstoff; deshalb muß das Material stets locker aufgeschichtet werden.
- Der Kompost braucht Wärme; deshalb müssen Sie ihn mindestens 50 cm hoch aufsetzen und anschließend abdecken. Dann entsteht bei der Rotte rasch genügend Hitze.
- Der Kompost braucht Feuchtigkeit; deshalb müssen Sie für eine »saftige Mischung« sorgen und bei trockenem Wetter den Haufen begießen.

Je nach Zusammensetzung des Materials ist der Kompost nach 7–12 Monaten gebrauchsfertig. Alle Abfälle haben sich dann in duftenden, nährstoffreichen Humus umgewandelt. Für Ihren Kräutergarten sollten Sie immer reifen Kompost verwenden, der ganz vererdet ist. Grobkompost eignet sich hier nicht. Streuen Sie den Kompost über die ganze Fläche des Beetes 2–3 cm hoch aus, und harken Sie ihn leicht in die Erdoberfläche ein. Verteilen Sie außerdem noch eine Zusatzration im Frühling oder Herbst rund um die Staudenkräuter.
In naturgemäßen Gärten wird der Kompost anschließend mit Gras, Laub oder anderen organischen Abfällen zugedeckt, damit er feucht bleibt. Da zahlreiche Kräuter aber Trockenheit nicht nur vertragen, sondern auch lieben, verwenden Sie hier keine weiche Mulchschicht. Legen Sie dort, wo die Pflanzen den Boden nicht selbst beschatten, flache Steine als Bodendecke aus. Kalkhaltiges Gestein ist besonders günstig für Salbei, Ysop und Eberraute. Noch ein besonderer Vorteil: Steine halten die Wärme fest.

Keine Wohlstandskost für Kräuter

Die meisten Kräuter bevorzugen einen eher mageren Boden. Bei zu reichlicher Ernährung schießen sie üppig ins Kraut, bilden aber weniger

Aroma- und Heilstoffe. Stark- und raschtreibende Stickstoffdüngung müssen Sie also im Kräutergarten unbedingt vermeiden. Wohlstandskost ist nichts für Würzpflanzen! Leichtes Fasten wirkt sich dagegen günstig aus.
Die regelmäßige Versorgung mit Kompost füllt im allgemeinen die Nährstoffreserven ausreichend auf. Wenn Sie dennoch auf sehr armen Böden oder bei sehr starkwüchsigen Pflanzen (siehe Kapitel »Der ideale Standort«) ab und zu ein wenig Zusatznahrung geben möchten, dann wählen Sie am besten einen organischen Dünger, der sich sehr langsam im Boden umsetzt. Dafür eignen sich zum Beispiel Hornspäne oder eine Mischung aus Horn–Blut–Knochenmehl, die Sie im zeitigen Frühling rund um die Pflanzen streuen, leicht einharken und mit Kompost abdecken. Auch ein Guß stark verdünnter Brennessel-Jauche ist im Frühsommer erlaubt. Gießen Sie direkt an die Wurzeln, und denken Sie aber immer daran: Lieber etwas weniger als zuviel!

Brennessel-Jauche muß stark verdünnt werden.

Die Aussaat der einjährigen und zweijährigen Kräuter

Lockern Sie die Beete vor der Aussaat noch einmal mit dem Grubber oder mit dem »Sauzahn«. Unkraut entfernen Sie sehr sorgfältig mit allen Wurzeln. Steine und grobe Erdklumpen sammeln Sie auf und tragen sie weg. Die Erde sollte feinkrümelig und locker sein. Nachdem die Kräuterbeete mit Kompost versorgt sind, harken Sie die Oberfläche mit dem Rechen glatt und teilen den Platz für die einzelnen Gewürze ein. Seien Sie dabei großzügig, damit die Pflanzen später genügend Raum und Licht haben, um sich gesund zu entwickeln.
Mit einem Holzstäbchen oder mit den Fingern ziehen Sie dann flache Rillen für die verschiedenen Samenkörner. Stecken Sie überall das Tütchen oder ein Namensschild dane-

Sorgfältig vorbereitetes Kräuter-Saatbeet.

ben, damit Sie später auch die einzelnen Gewürze identifizieren können. Vor allem für Anfänger ist diese kleine Vorsichtsmaßnahme wichtig. Nach ein paar Jahren der Beobachtung können Sie dann die Kräuter bereits unterscheiden, wenn sich die ersten grünen Blättchen über der Erde entfalten.

Beginnen Sie mit der Aussaat nie zu früh. Die Erde muß sich schon erwärmt haben, damit die Samen keimen können. Arbeiten Sie auch nie in nasser, klebriger Erde. Wenn der Humus von selbst in lockere, feuchte Krümel auseinanderfällt, bietet er den Samenkörnern die besten Voraussetzungen für ein »weiches Bett«.

In Landschaften mit mildem Klima können Sie im März bereits die unempfindlichen Kräuter Petersilie, Kresse und Kerbel aussäen. Im April folgen Boretsch, Dill, Kümmel, Löffelkraut und Ringelblumen. Auf warme Maitage müssen Sie warten, ehe Sie Majoran, Bohnenkraut, Basilikum, Portulak, Kapuzinerkresse und Schnittsellerie im Freiland ausstreuen können. Zweijährige Kräu-

Schon nach etwa 10 Tagen zeigt die Kresse-Saat kräftige, grüne Blättchen.

ter wie Petersilie und Löffelkraut dürfen Sie im Spätsommer noch einmal aussäen.
Die günstigsten Aussaatzeiten und die Abstände zwischen den Reihen sind auf den Samentüten aufgedruckt. Sie finden sie auch in den Kräuterbeschreibungen im zweiten Teil dieses Buches. Füttern Sie die Saatrillen mit feingesiebtem Kompost aus, und verteilen Sie die Körner möglichst dünn und gleichmäßig. Zum Schluß decken Sie die Reihen leicht mit Erde zu und gießen vorsichtig an. Bis die Samen keimen, muß die Aussaat gleichmäßig feuchtgehalten werden. An heißen Frühlingstagen legen Sie am besten feuchte Säcke über die Beete.
Einige Kräuter, wie zum Beispiel Bohnenkraut oder Kresse, bleiben »in Reih und Glied« stehen. Sie werden später nur etwas ausgelichtet. Andere müssen auseinandergesetzt werden, sobald die Pflanzen groß genug sind. Dazu gehören zum Beispiel Basilikum, Kapuzinerkresse und Majoran. Alle näheren Angaben finden Sie bei den Beschreibungen der einzelnen Kräuter.

Vorkultur empfindlicher Kräuter

Einige besonders wärmeliebende Gewürzpflanzen kümmern leicht im Freiland, wenn der Frühling seine kalte Schulter zeigt. Säen Sie diese Kinder des Südens lieber unter einem schützenden Dach aus. Basilikum und Majoran sind für solche Fürsorge dankbar. Im geschlossenen Frühbeet oder unter einem Folientunnel können Sie Anfang April mit der Aussaat beginnen. Weniger empfindliche Kräuter keimen dort schon im März.
Der Boden wird genauso wie die Beete im Freiland vorbereitet und regelmäßig gegossen. In der feuchtwarmen Atmosphäre unter Glas oder Folie keimen die Samen sehr bald. Dann müssen Sie bei warmem Wetter tagsüber lüften, damit kein Hitzestau entstehen kann.
In einem Kleingewächshaus finden Kräuter im Frühling besonders günstige Wachstumsbedingungen. Wenn das Haus geheizt ist, können Sie dort bereits im Januar mit den ersten Aussaaten beginnen.
Es geht aber auch mit viel weniger Aufwand: Stellen Sie ein kleines Zimmergewächshaus oder ein paar Blumentöpfe auf eine warme, helle Fensterbank. Legen Sie Scherben über die Wasserabzugslöcher im Boden. Füllen Sie in diese Gefäße zuerst eine Schicht Sand, dann lockere Erde, die reichlich mit Sand vermischt wurde. Nun können Sie die Samen dünn ausstreuen und leicht mit Kompost übersieben. Drücken Sie die Erde mit den Fingern etwas fest, und gießen Sie sehr behutsam mit temperiertem Wasser und sanfter Brause an.
Das kleine Zimmergewächshaus wird nun mit einem durchsichtigen

Kräutersaat in Blumentöpfen, unter einer Plastikhaube und im »Gewächshaus«.

Deckel zugedeckt. Über die Töpfe legen Sie eine Glasscheibe. Auch eine Plastikhaube mit Gummizug, wie sie im Haushalt benutzt wird, eignet sich als Abdeckung. Sobald die grünen Pflänzchen sprießen, müssen Sie die Gefäße auf der Fensterbank lüften. Viel Licht und frische Luft sorgen dafür, daß die kleinen Kräuter nicht zu langbeinigen Schwächlingen aufschießen. Durchzug müssen Sie aber vermeiden.

Basilikum wird in Büscheln verpflanzt.

Vereinzelte Pflanzen wachsen kräftig.

Anlage eines Kräutergartens

Sobald Sie die Pflänzchen zwischen den Fingern fassen können, setzen Sie sie einzeln oder in kleinen Büscheln in Ton- oder Kunststofftöpfchen um. Dort bilden sie kräftige Wurzeln. Ab Mitte Mai, wenn keine Nachtfröste mehr zu befürchten sind, können Sie diese Kräuter dann in den Garten verpflanzen. Der Platz soll warm und sonnig sein.

Das Auspflanzen der mehrjährigen Kräuter

Die mehrjährigen Staudenkräuter können Sie im Frühling oder im Herbst in Ihren Garten pflanzen. Sie werden meist in Töpfen angeboten, sind dann kräftig durchwurzelt und wachsen gut an. Natürlich können Sie um diese Zeit auch ausdau-

So können Sie vorgezogene Staudenkräuter in kleinen Töpfen kaufen.

Das Beet für die mehrjährigen Kräuter muß sorgfältig vorbereitet werden.

ernde Gewürzpflanzen versetzen, die Sie selbst gesät oder durch Stecklinge vermehrt haben.
Die Bodenvorbereitungen sind die gleichen wie bei der Aussaat der einjährigen Kräuter. Auf dem Staudenbeet ist es besonders wichtig, Unkraut gründlich mit allen Wurzeln auszureißen. Sie ersparen sich dadurch viel Ärger, weil sonst im Lauf der Zeit die Gewürzpflanzen mit Quecke, Giersch oder Hahnenfuß zu einem undurchdringlichen Wurzelfilz zusammenwachsen.
Suchen Sie den Platz für die Stauden und kleinen Gehölze unter den Kräutern sorgfältig aus. Planen Sie dabei den Umfang und die Höhe der erwachsenen Pflanzen ein, dann wählen Sie auch die richtigen Zwischenräume. Kräuter, die zu eng zusammenstehen, sind anfällig für Krankheiten und Schädlinge. Denken Sie daran, wie das helle Licht des Südens diese Pflanzen an ihren natürlichen Standorten umfließt! Zumindest ähnliche Bedingungen sollten sie auch bei uns vorfinden.
Graben Sie mit einer kleinen Schaufel ein Loch, und füllen Sie es mit reifem Kompost. Dann betten Sie den Wurzelballen in die kleine Grube und füllen ringsum Humus an. Drücken Sie die Erde behutsam mit den Händen fest, so daß sie die Wurzeln dicht umschließt. Die Pflanzen sollen nicht tiefer im Boden stehen als vorher im Topf. Nun gießen Sie noch vorsichtig an. Wenn Sie dafür Sorge tragen, daß die Wurzeln der jungen Pflanzen in den nächsten Wochen niemals austrocknen, dann werden Ihre Staudenkräuter bald Fuß fassen in der neuen Umgebung. Bei der Frühlingspflanzung zeigen Ihnen die ersten neuen Blatttriebe, daß die Stauden gut angewachsen sind.

Die eigene Vermehrung

Beinahe alle mehrjährigen Kräuter können Sie selber vermehren. Für einen größeren Garten lohnt sich eine Aussaat, bei der Sie eine Fülle kleiner Pflanzen gewinnen. Am besten verwenden Sie dafür flache Schalen, die Sie ins Gewächshaus oder auf eine Fensterbank stellen. Diese Aussaaten werden genauso behandelt, wie es im Abschnitt »Vorkultur« beschrieben ist. Aus Samen können Sie zum Beispiel Rosmarin, Salbei, Lavendel, Russischen Estragon, Melisse, Origano, Pimpinelle, Ysop, Liebstöckel und Schnittlauch anziehen.
Wenn Sie nur einige wenige Pflanzen für die Erweiterung oder die Verjüngung Ihres Kräutergartens brauchen, dann sollten Sie im Sommer Stecklinge schneiden. Junge, noch nicht verholzte Triebspitzen eignen sich dazu. Sie werden mit einem scharfen Messer abgetrennt und dann in kleine Töpfe gesteckt, die mit einer sehr sandigen Erdmischung gefüllt sind. Nur die obersten Blätter bleiben erhalten, alle

anderen werden entfernt. Stecklinge brauchen gleichmäßige Feuchtigkeit. Bei zuviel Nässe faulen die Stengel. Wärme und Halbschatten fördern die Wurzelbildung. Ein Gewächshaus, ein Frühbeet oder ein geschützter Gartenplatz eignen sich als Kinderstube. Sobald die Stecklinge kräftige Wurzeln gebildet haben und zu treiben beginnen, werden sie in etwas größere Töpfe verpflanzt.

Mit der Stecklingsvermehrung können Sie es bei Salbei, Eberraute, Bergbohnenkraut, Ysop, Origano, Wermut, Lavendel, Estragon, Melisse, Rosmarin und Thymian versuchen.

Manche Pflanzen neigen von Natur aus dazu, Absenker zu bilden. So biegt zum Beispiel ein alter Salbeistrauch seine Äste zu Boden. Wenn Sie diese in der Mitte mit einem Stein oder mit Erde beschweren, schlägt der Salbei dort Wurzeln. Später schneiden Sie rechts und links den Zweig ab und pflanzen das bewurzelte Teilstück gleich auf einem Beet ein.

Besonders einfach ist die Vermehrung, wenn die Kräuter Wurzelausläufer bilden. Sie können dann mit dem Spaten vorsichtig ein Stück Wurzel mit oberirdischen Trieben abtrennen und neu einpflanzen. Die günstigste Zeit für diese Vermeh-

Von oben nach unten: Wurzelausläufer des Estragon, geteilter Wurzelballen der Melisse und Salbei-Steckling.

rungsart liegt im Herbst (Oktober bis November) und im Frühling (April bis Mai). Besonders geeignet sind Estragon und Pfefferminze. Schließlich gibt es noch mehrjährige Kräuter, die mit der Zeit einen großen geschlossenen Wurzelbereich mit zahlreichen oberirdischen Austrieben bilden. Wie die meisten Stauden, kann man diese Pflanzen ausgraben und in mehrere Stücke teilen. Stechen Sie mit einem scharfen Spaten in den Wurzelballen, und durchtrennen Sie das fest verwachsene Gewirr durch mehrere Einschnitte von allen Seiten. Die Teilstücke werden anschließend wieder eingepflanzt. Dabei dürfen sie nicht tiefer »vergraben« werden, als sie auch vorher standen.
Auf diese Weise können Sie alte Gewürzstauden verjüngen und gleichzeitig Ihre Bestände vergrößern. Für diese Art der Vermehrung eignen sich zum Beispiel Zitronenmelisse, Origano, Indianernessel und Schnittlauch.
Durch einzelne ausgegrabene Wurzeln oder Wurzelstücke können Sie schließlich noch Liebstöckel, Meerrettich, Beinwell, Alant und Sauerampfer vermehren. Denken Sie immer daran, daß jede Teilung einen schmerzlichen Einschnitt im Pflanzenleben bedeutet. Eine Schonzeit und behutsame Behandlung sind nötig, damit neues Leben sich entfalten kann. Feuchtes Wetter und bedeckter Himmel sind dabei hilfreicher als brennende Sonne.

Kräuter-»Quellen«

Saatgut für zahlreiche einjährige, zweijährige und mehrjährige Kräuter bekommen Sie inzwischen überall im gutsortierten Fachhandel und im Versand. Spezialfirmen bieten außer einem breiten Sortiment auch Raritäten an (Bezugsquellen im Anhang).
Jungpflanzen erhalten Sie zum Teil in den örtlichen Gärtnereien, auf Märkten und in Gartencentern. Hier können Sie selber auswählen und die Qualität der Pflanzen begutachten. Da das Interesse an Kräutern in den letzten Jahren sehr gewachsen ist, haben sich auch die Gärtner auf diese Pflanzen eingestellt. Wo man noch vor zehn Jahren verwundertes Kopfschütteln zur Antwort bekam, wenn man nach Estragon oder Salbei fragte, da kann man heute schon unter einer hübschen Gewürz-Sammlung wählen. Dies ist eine sehr erfreuliche Entwicklung. Wenn Sie dennoch in Ihrer Nähe keine Quelle für frische Pflanzen finden, dann können Sie bei guten Staudengärtnereien oder bei Spezialfirmen bestellen. Die Kräuter kommen per Post, sind in Töpfen angezogen und sicher in Paketen verpackt. Gute Bezugsquellen finden Sie im Anhang. Auf dem kleinen Umweg über freundliche Nachbarn wurde übrigens auch schon manche Fundgrube entdeckt. Tauschen Sie, wenn die Gelegenheit günstig ist, Kräuter untereinander aus!

Die naturgemäße Pflege...

Grundlagen für gesundes Wachstum

Den Grund für gesundes Wachstum legen Sie im wahrsten Sinn des Wortes, indem Sie den Boden mit naturgemäßen Mitteln vorbereiten und pflegen (siehe Seite 27). Darüber hinaus ist es auch wichtig, die natürlichen Gegebenheiten des Klimas und des Standortes zu akzeptieren. In sehr rauhen Landschaften mit langen, kalten Wintermonaten werden Sie mit einigen südländischen Kräutern Schwierigkeiten bekommen. Der Französische Thymian wird hier unter Frost leiden. Entscheiden Sie sich lieber von vornherein für den robusteren Deutschen Thymian, der auch Winterthymian genannt wird.
Auch alle anderen Kräuter sollten Sie nach dem Klima aussuchen, dem Ihr Garten ausgesetzt ist. In einer warmen Weinbau-Landschaft kann es sich ein Kräutergärtner sogar leisten, einen Rosmarinstock an einem geschützten Platz im Freien zu überwintern. Auf der Schwäbischen Alb wird dieses Experiment sicher mit einer großen Enttäuschung und dem Erfrierungstod der Pflanze enden. Schauen Sie sich also die Beschreibungen der Pflanzen im zweiten Teil des Buches genau an, dann können Sie entscheiden, welches Kraut in Ihrem Garten die passenden Lebensbedingungen findet.
Auch auf dem Kräuterbeet wirken sich, wie im biologischen Gemüsegarten, eine abwechslungsreiche Mischkultur und Fruchtwechsel günstig aus. Säen Sie die einjährigen Kräuter jedes Jahr an einer anderen Stelle aus. So wird die Erde nicht einseitig ausgelaugt. Beson-

Boretsch und Estragon brauchen feuchte Erde, aber viel Licht und Platz, um sich voll zu entfalten.

ders deutlich werden Sie den Erfolg bei der Petersilie bemerken: Dieses Kraut ist mit sich selbst unverträglich. Es kümmert, wenn es längere Zeit am gleichen Platz steht. Schließlich verhelfen Sie Ihren Gewürzpflanzen auch dadurch zu gesundem Gedeihen, wenn Sie für reichlich Licht und genügend Abstand sorgen. Boretsch wird zum Beispiel leicht von Läusen oder Mehltau heimgesucht, wenn die Pflanzen eng nebeneinander stehen. Kann sich das vitale Kraut dagegen frei nach allen Seiten entfalten, bleiben die kräftigen, haarigen Blätter gesund. Da sich die großen, schwarzen Samenkörner gut einzeln zwischen den Fingern fassen lassen, können Sie bereits bei der Aussaat für genügend Abstand sorgen. Wildversamte Boretschpflanzen müssen Sie rechtzeitig auslichten. Dieses Gesundheitsrezept gilt

für die meisten Gewürz- und Heilpflanzen. Verzichten Sie also lieber auf eine übergroße Fülle, damit die vorhandenen Kräuter sich wirklich frei und ihrer Natur gemäß entwickeln können.

Kräuter helfen Kräutern

Im naturgemäßen Garten wird eine Vielzahl von Wildkräutern dazu benutzt, Schädlinge abzuwehren und Krankheiten vorzubeugen. Auch einige Gewürzpflanzen können hier nutzbringend eingesetzt werden. In einem gepflegten Kräutergarten sind Katastrophen, wie sie sich in einem Gemüse- oder Obstgarten ereignen können, allerdings selten. Die Fülle der starkduftenden Pflanzen zieht zwar Bienen und Hummeln in Scharen an, schädliche Insekten werden aber anscheinend eher irritiert und vertrieben.
Diese Erfahrung kennen aufmerksame Bio-Gärtner aus dem Nutzgarten. Spritzbrühen aus Wermut oder Rainfarn dienen dort zum Beispiel als abschreckende Mittel gegen Läuse und Milben. Seit Jahrhunderten nutzt man die starken Gerüche bestimmter Kräuter, um im Haus Motten, Fliegen und Ungeziefer zu vertreiben. Pflanzen, die sich dafür eignen, sind schon in den mittelalterlichen Kräuterbüchern beschrieben und empfohlen.
Nach alter Tradition hängt man noch heute Duftsträußchen aus Lavendel, Eberraute, Balsamkraut und Rainfarn in Wäscheschränken und Wohnräumen auf.
Da viele dieser Duftgewächse auf dem Kräuterbeet nebeneinander wachsen, hilft sich der Garten dort gewissermaßen selbst mit natürlichen Mitteln. Falls aber durch ungünstige Witterung oder durch Kulturfehler doch einmal eine Insektenplage oder Mehltau auftauchen sollte, können Sie sich mit hausgemachten pflanzlichen Spritzbrühen helfen, die keine schädlichen Nebenwirkungen haben.

Brennessel-Kaltwasserauszug
Füllen Sie einen 10-Liter-Plastikeimer mit frischem Brennesselkraut (bevor die Pflanzen Samen ansetzen), und gießen Sie das Gefäß mit Wasser voll. Dieser Ansatz darf nur 12–24 Stunden lang durchziehen

»Beißende Brühe« wird ausgespritzt.

und nicht gären. Der Kaltwasser-Auszug wird unverdünnt über die Pflanzen versprüht. Er wirkt bei geringem Befall gegen Blattläuse.

Brennessel-Jauche
In einer Plastiktonne, einem Steingutgefäß oder einem Holzfaß wird frisches Brennesselkraut (oder auch getrocknete Droge) mit Wasser (möglichst Regenwasser) angesetzt. Rühren Sie jeden Tag die Brühe einmal kräftig um, damit immer Sauerstoff in den Gärungsprozeß gelangt. Unangenehme Gerüche können Sie binden, indem Sie einige Handvoll Steinmehl oder ein paar Tropfen Baldrianblüten-Extrakt in das Gefäß verteilen. Damit keine Vögel in der Tonne ertrinken, legen Sie anfangs ein Gitter über die Öffnung. Später, wenn die Jauche fertig ist, können Sie das Gefäß auch mit einem Deckel verschließen. Besonders reichhaltig wird Ihre Brennessel-Jauche, wenn Sie noch ein paar Handvoll andere Garten- oder Wildkräuter darunter mischen. Dazu eignen sich zum Beispiel Schnittlauch, Beinwell, Löwenzahn, Schachtelhalm, Rainfarn und Wermut.
Nach 2–3 Wochen ist der Gärungsprozeß abgeschlossen. Für den Gemüsegarten wird die Brennessel-Jauche im Verhältnis 1 : 10 mit Wasser verdünnt. Für den Kräutergarten verwenden Sie nur eine Konzentration von 1 : 20. Ein kräftiger Guß direkt in den Wurzelbereich genügt.
Der Flüssigdünger aus den heilsamen Nesseln wirkt allgemein kräftigend. Er macht die Pflanzen »von innen« widerstandsfähig gegen Krankheiten und Schädlinge. Im Nutzgarten wird die verdünnte Brennessel-Jauche auch als Mittel zur Insektenabwehr über die Blätter der Pflanzen versprüht. Im Kräutergarten sollten Sie dies wegen der wenig angenehmen Gerüche lieber lassen. Schließlich soll Ihre Melisse nach Zitrone und nicht nach Jauche schmecken!

Rainfarn-Tee
Brühen Sie aus 300 g frischem Rainfarn (Blüten und Blätter) oder 30 g getrocknetem Kraut mit 10 l kochendem Wasser einen Tee auf. Der Aufguß muß 10–15 Minuten durchziehen. Dann wird er abge-

Rainfarn wächst wild oder im Garten.

siebt und nach dem Erkalten 1 : 3 mit Wasser verdünnt. Dieser Kräutertee kann gegen Milben, Himbeerkäfer, Blütenstecher, Rost und Mehltau ausgespritzt werden. Rainfarn-Tee können Sie auch mit Schachtelhalm-Tee mischen.

Wermut-Tee
300 g frische Wermutblätter (vor der Blüte gesammelt) oder 30 g getrocknetes Kraut werden mit 10 l Wasser überbrüht. Der Tee wird genauso zubereitet wie im Rainfarn-Rezept beschrieben. Im Frühling wird er unverdünnt über die Pflanzen gesprüht, im Sommer wird er 1 : 3 mit Wasser vermischt. Wermut-Tee wehrt unter anderem Läuse, Ameisen und Raupen ab.

Schachtelhalm-Brühe
Diese Pflanze aus den Urzeiten der Erde wächst in manchem Garten als Un-Kraut. Das frische Kraut wird von Mai bis August gesammelt. Sie können Schachtelhalm aber auch als getrocknete Droge, als Pulver oder als Flüssig-Extrakt im Fachhandel kaufen. Für 10 l Wasser benötigen Sie 300 g frisches oder 30 g getrocknetes Kraut.
Weichen Sie den Schachtelhalm zunächst 24 Stunden in Wasser ein, dann wird er mit dieser Flüssigkeit aufgekocht. Die Brühe soll noch etwa 30 Minuten bei geringer Hitze weiterkochen. Dann lassen Sie alles abkühlen und gießen die Flüssigkeit durch ein Sieb ab.

Schachtelhalm-Trieb im Sommer.

Schachtelhalm-Brühe wird 1 : 5 mit Wasser verdünnt und in sonnigen Vormittagsstunden über die Pflanzen gesprüht. Dieser Kräuter-Auszug ist stark kieselsäurehaltig. Er stärkt die Zellen der Pflanzen und erschwert dadurch das Eindringen von Pilzen. Schachtelhalm-Brühe sollte vom Frühling bis zum Sommer öfter vorbeugend gesprüht werden.

Biologischer Pflanzenschutz mit natürlichen Mitteln

In akuten Fällen bringen einige besondere biologische Pflanzenschutzmittel rasche Erfolge. Wenn Sie sich wirklich einmal gegen eine größere Läuseplage im Kräutergarten wehren müssen, dann verwenden Sie ausnahmsweise das folgende Rezept:

Schmierseifen-Brühe
150–300 g reine Schmierseife (aus der Drogerie oder Apotheke) werden in 10 l heißem Wasser aufgelöst und nach dem Abkühlen über befallene Pflanzen gesprüht. Schmierseifen-Brühe hilft sehr zuverlässig gegen Läuse und Spinnmilben. Die Flüssigkeit trifft aber auch nützliche Insekten tödlich. Deshalb sollten Sie diese Brühe nur im Notfall anwenden, wenn der Bestand eines Krautes oder eines ganzen Beetes wirklich gefährdet ist.
Auch im Fachhandel können Sie einige Bio-Präparate kaufen, die vorbeugend oder direkt gegen Schädlinge eingesetzt werden können. Aus dem inzwischen schon reich sortierten Angebot seien hier nur einige Beispiele genannt, die Sie im Kräutergarten anwenden können:
Pyrethrum-Präparate, wie zum Beispiel »Spruzit«, wirken zuverlässig gegen Läuse, Milben oder Weiße Fliege, treffen aber auch Nützlinge. Die Widerstandskräfte gegen Mehltau werden durch folgende Präparate gestärkt: »Bio-Blatt«, »Bio-S«, »Equisan« und »Milsana«.
Wenn Sie Ihren Kräutergarten sinnvoll und naturgemäß pflegen, werden Sie nur sehr selten zu direkten Abwehrmaßnahmen greifen müssen. Gehen Sie im Reich der feinen

Schmierseife und Brennspiritus.

Düfte ganz besonders behutsam mit allen »Fremdstoffen« um. Sie möchten die würzigen Blätter ja unverfälscht genießen. Je länger Sie mit Kräutern umgehen, desto intensiver werden Sie spüren, daß diese Pflanzen von »besonderer Art« sind. Ihre kostbaren Inhaltsstoffe, ihr Aroma und ihre Wohlgerüche entwickeln sich ebenso wie ihre natürlichen Abwehrstoffe nur dort, wo sich die Kräuter voll entfalten können. Wer sie wie Kohlköpfe behandelt, dem werden sie unter den Händen verkümmern. Und dann helfen auch keine Spritzmittel mehr!

Bio-Tips für den Notfall

Unter ungünstigen Umständen sind einige Kräuter für ganz bestimmte Krankheiten oder Schädlinge anfällig. Was Sie in besonderen Notfällen tun können, verraten Ihnen die folgenden Tips:

Petersilienwelke
Die schönste grüne Petersilie kann über Nacht einen Kollaps bekommen. Dann werden die Blätter gelb und welk. Oft lösen sich die Stengel von selbst. Wenn Sie die Pflanzen ausgraben, werden Sie feststellen, daß die Wurzeln Fraß- oder Fäulnisschäden zeigen. Dies kann verschiedene Ursachen haben:
1. Die Möhrenfliege – ihre Maden fressen sich in die Wurzeln. Sie erkennen dies an braungefärbten Gängen.
2. Nematoden oder Wurzelälchen – Wurzeln faulen und sterben ab.
Gegen die Möhrenfliege helfen vorbeugende Mischkulturen: Säen Sie die Petersilie abwechselnd mit Schnittlauch oder Zwiebeln. Überbrausen Sie die gefährdeten Pflanzen außerdem öfter mit starkriechenden Kräuter-Tees aus Wermut oder Rainfarn.
Gegen Nematoden hilft eine Bodenentseuchung durch Tagetes und Ringelblumen. Säen Sie diese hübschen Blumen an derjenigen Stelle des Kräuterbeetes aus, an der Sie im folgenden Jahr die Petersilie einplanen. Die Wurzelausscheidungen dieser nützlichen Pflanzen vertreiben die schädlichen Älchen. Sie können auch, wenn Sie nicht sicher sind, ob Nematoden in Ihrer Gartenerde vorhanden sind, Peter-

Hier wachsen Petersilie und Tagetes in gesunder Mischkultur.

silie und Tagetes abwechselnd in Reihen säen.
Noch ein wichtiger Tip für gesunde Petersilie: Dieses Gewürzkraut ist mit sich selbst unverträglich. Säen Sie es jedes Jahr an einen anderen Platz. Wo Petersilie längere Zeit am gleichen Fleck bleibt, kümmert sie.

Kummer mit Dill
Auch an den langen Pfahlwurzeln des Dill kann sich die Möhrenfliege zu schaffen machen. Dann gelten die gleichen Abwehrmaßnahmen, wie sie bei der Petersilie beschrieben sind. Oft ist aber auch ein ungünstiger Standort schuld daran, daß der Dill sich wie eine beleidigte Primadonna aufführt. Er will einfach nicht! Versuchen Sie es dann einmal mit einer Aussaat am Rand des Gurkenbeetes. Dort gedeiht das Kraut oft besser als im Gewürzgarten. Die Gurkenranken halten mit ihren breiten Blättern den Boden feucht. Im lockeren Humus mit gleichmäßiger Feuchtigkeit fühlen sich die Wurzeln des Dill besonders wohl. Wenn er dann noch oberirdisch reichlich Sonne bekommt, gedeiht er prächtig und wird leicht 1–1,50 m hoch. Noch ein Tip: Achten Sie auch bei der Auswahl des Saatgutes auf Qualitäts-Züchtungen, keimgeschützte Verpackung und Haltbarkeitsgarantie.

Pfefferminz-Rost
Zu enger, stickiger Standort ist schuld an einer Pilzerkrankung,

Üppiger Dill am Rand des Gurkenbeetes.

dem Pfefferminz-Rost. Bei akutem Befall hilft nur das radikale Zurückschneiden der Pflanzen. Der neue Austrieb ist dann meist wieder gesund. Um weiteren Schaden im nächsten Jahr zu vermeiden, müssen Sie die Wachstumsbedingungen verbessern. Lichten Sie die Pflanzen aus, damit sie mehr Luft bekommen, oder räumen Sie der Pfefferminze mehr Raum zum Ausdehnen ein. Am Rand einer lockeren Hecke oder am Teich fühlt sie sich wohl. Noch ein Bio-Tip: Pfefferminze gedeiht nicht gut in der Nachbarschaft von Kamille.

Erdflöhe an der Kresse

Die kleinen gefräßigen Käfer lieben vor allem Kreuzblütler, wie Kohl, Radieschen und Rettiche. Sie fressen häßliche Löcher in die Blätter der Jungpflanzen. In manchen Gärten fallen sie auch über frisch gekeimte Kresse her.

Sorgen Sie dafür, daß der Boden, auf dem die Kresse wächst, immer feucht bleibt – durch regelmäßiges Gießen oder durch eine leichte Mulchdecke aus Gras. Die Erdflöhe lieben nämlich trockene Erde. Eine Erdfloh-Barriere bilden blühende Ginsterzweige, die rings um die Pflanzen auf dem Boden ausgebreitet werden.

Schnecken an jungen Kräuteraussaaten

Schon manche junge Kräuterreihe, die eben die ersten zarten Blättchen über der braunen Erde entfaltete, wurde über Nacht ein Opfer der Schnecken. Vor allem Basilikum, Portulak und Majoran lieben diese Kriechtiere offenbar sehr.

Graben Sie an solchen Stellen frühzeitig, schon bevor die Saat keimt, mehrere Kunststoff-Töpfchen (Joghurt- oder Quarkbecher) ebenerdig ein. Diese Fallen füllen Sie am Abend zu zwei Dritteln mit Bier. Stülpen Sie einen zweiten, größeren Becher (zum Beispiel eine Quarkdose) darüber, in den Sie mehrere Eingänge geschnitten haben. Ein Drahtbügel hält dieses Dach fest. So kann das Bier bei Regenwetter nicht verwässert werden. Fertige Bierfallen gibt es im Handel.

Auf das Gebräu aus Hopfen und Malz fallen Schnecken aller Größen im wahrsten Sinn des Wortes herein und ertrinken. Wenn Sie die Becher jeden Abend säubern und neu mit Bier füllen, können Sie die nächtliche Invasion eindämmen.

Die friedfertigste aller Schneckenabwehr-Methoden ist das Sammeln. Legen Sie alte Bretter oder Säcke aus. Die Tiere verkriechen sich gern in solchen feucht-dunklen Schlupfwinkeln. Dort können Sie sie leicht in größeren Mengen finden. Tragen Sie Ihre »Beute« weit genug weg, und lassen Sie die Schnecken am Waldrand oder in einem Graben wieder frei. Wenn Sie regelmäßig sammeln, ist diese Abwehr-Methode sehr wirksam.

Schutzstreifen um einzelne Pflanzen

Bierfalle zum Schneckenfang.

Pfefferminze sollte nicht neben Kamille wachsen.

oder Kräuterreihen können Sie aus Sand, Gesteinsmehl, Kalk oder Holzasche auslegen. Diese Mittel wirken aber nur bei trockenem Wetter. Eine gewisse Abwehrwirkung gegen Schnecken besitzen auch einige starkduftende Kräuter innerhalb des Gewürzgartens: Salbei, Thymian und Ysop. Darauf können Sie sich aber nur begrenzt verlassen.

Kräuter, die sich »kränken«

Nicht alle Heil- und Gewürzkräuter fühlen sich nebeneinander wohl. Diese eigenwilligen Pflanzen mit den ausgeprägten Ausscheidungen ihrer Düfte wachsen ja auch in der Natur an besonderen Stellen. Sie suchen sich dort ihre Nachbarn gewissermaßen selber aus. Im Garten muß der Gärtner auf günstige Gemeinschaften achten, denn es gibt Kräuter, die sich »kränken«, wenn sie zu nahe nebeneinander leben müssen. Sie kümmern im Wuchs oder werden krank, weil ihnen die Ausscheidungen des Nachbarn nicht bekommen. Vermeiden Sie deshalb in einem gesunden Kräutergarten die folgenden ungünstigen Kombinationen:

- Melisse und Indianernessel
- Kümmel und Fenchel
- Pfefferminze und Kamille
- Wermut behindert viele Pflanzen; setzen Sie ihn etwas abseits.

Kräuter halten den Garten gesund

Einige besonders stark und intensiv duftende Kräuter halten Schädlinge von benachbarten Nutzpflanzen ab. Sie werden deshalb gern im Gemüse- und Ziergarten mit eingeplant. Andere Gewürzpflanzen üben einen günstigen Einfluß auf die Aromabildung ihrer Nachbarn aus. Schließlich spielen auch zahlreiche Kräuter eine wichtige »Nebenrolle« als Honig- und Nektarquellen für Bienen, Schmetterlinge und nützliche Insekten. Auch diese Gesichtspunkte sollten Sie bei der Einordnung der würzigen Duftpflanzen in Ihrem Garten berücksichtigen.

Kräuter in der Mischkultur

Probieren Sie einmal die folgenden Kombinationen von Kräutern mit Gemüse, Obst oder Blumen aus; die Erfahrungen und Beobachtungen, die Sie dabei sammeln, sind sicher wertvoller als jede Theorie.

- Bohnenkraut am Rand des Buschbohnenbeetes schützt das Gemüse vor Schwarzen Läusen.
- Pfefferminze wehrt Kohlweißlinge und Erdflöhe ab. Sie eignet sich also als Randpflanzung am Kohlbeet. Dabei dürfen Sie aber nicht vergessen, daß dieses Kraut stark wuchert!
- Salbei und Thymian vertreiben Kohlweißlinge und Schnecken, wenn sie wie eine Schutzhecke rings um ein Beet angepflanzt werden. Ein hundertprozentiger Schutz ist dies aber nicht.
- Rainfarn als Randpflanzung hat eine Abwehrwirkung auf Ameisen und Ungeziefer.
- Kapuzinerkresse hält Blutläuse und Schwarze Blattläuse von Obstbäumen fern, wenn sie auf der Baumscheibe ausgesät wird.

Bohnenkraut neben Buschbohnen.

Kapuzinerkresse zieht die Läuse an.

So beschwingt und bunt können Sie Ihren Kräutergarten mit Blüten umrahmen.

- Lavendel schützt Rosen vor Läusen.
- Kresse verbessert das Aroma der Radieschen, wenn beide in abwechselnden Reihen ausgesät werden.
- Kümmel als Randpflanzung wirkt sich günstig auf den Geschmack von Kartoffeln aus. Gute Nachbarn der Erdäpfel sind auch Kapuzinerkresse und Meerrettich, wenn Platz vorhanden ist.
- Dill ist ebenso wie die verwandten Doldenblütler Kümmel, Fenchel oder Koriander ein guter Nachbar für Gurken; auch in der Gesellschaft von Möhren oder Zwiebeln fühlt sich das Kraut wohl.
- Petersilie hat gute Beziehungen zu Tomaten; neben Kopfsalat gedeiht das alte Küchenkraut dagegen schlecht.

Sie sehen, es gibt sehr viele Möglichkeiten, Kräuter im Garten sinn-

voll einzuordnen. Die Erkenntnisse über »grüne Nachbarschaften« sind noch lange nicht abgeschlossen. Die Beispiele in diesem Kapitel sollen Sie zu eigenen Naturbeobachtungen und neuen Experimenten anregen. Die günstigen oder auch hemmenden Einflüsse der Kräuter auf ihre Pflanzennachbarn werden wahrscheinlich durch ihre Düfte, zum Teil auch durch Wurzelausscheidungen erzeugt. Je besser Sie die Würz- und Heilpflanzen mit der Zeit kennenlernen, desto mehr werden Sie ein Gefühl für ihre charakteristischen Eigenschaften entwikkeln.

Ein bißchen Kräuterhexerei mit Düften und Extrakten, mit sympathischen oder unsympathischen Aus-

Gute Nachbarn: Lavendel und Rosen (links), Kresse und Radieschen (unten).

Blühende Boretschpflanzen sind bei Bienen besonders beliebt.

strahlungen wird Ihnen dann gar nicht mehr so unwahrscheinlich vorkommen. Alles, was im ersten Augenblick wie ein Wunder erscheint, ist ja in Wirklichkeit nur ein tiefer verborgenes Naturgesetz, das auf seine Entdeckung wartet. Nehmen Sie sich die Zeit dafür und beobachten Sie Ihre kleine Duftwelt geduldig und liebevoll. Der Zauber der Kräuter geht nicht verloren, wenn Sie den Schleier ihrer Geheimnisse ein wenig mit behutsamer Gärtnerhand lüften.

Kräuter als Bienenweide

Schmetterlinge, Hummeln, Bienen, Schwebfliegen und viele andere Insekten finden in der Landschaft oft nur noch spärliche Nahrungsquellen. Blühende Feldränder und Wiesen sind verschwunden. Wilder Salbei, Feldthymian, Bachminze und all die vielen anderen Wildkräuter, die sich früher als natürliche Honig- und Nektarspeicher anboten, haben Seltenheitswert. Ein Kräutergarten bildet deshalb für Bienen und andere

Kräuter halten den Garten gesund

Blühende Kräuter ziehen Schmetterlinge an.

Insekten einen magischen Anziehungspunkt. Von weit her kommen sie aus der Umgebung und »weiden« die ergiebigen Honiggründe ab. »Zum Dank« bestäuben sie die Obstgehölze des Gärtners. Einige unter ihnen legen auch ihre Eier an bestimmten Nutzpflanzen ab. Die Larven, die wenig später dort ausschlüpfen, vertilgen große Mengen Blattläuse.

Ein Gärtner, der nach naturgemäßen Methoden arbeitet, sollte deshalb seine Kräuter auch ganz bewußt als Bienen- und Insektenfutter betrachten. Er arbeitet dabei auf einem wichtigen Gebiet mit der Natur zusammen. Ein Teil der verschiedenen Würz- und Heilpflanzen sollte immer Blüten ansetzen dürfen, auch wenn die eigene Ernte dabei etwas geschmälert wird. Der Anblick einer großen Boretschpflanze, die über und über mit himmelblauen Blütensternen bestreut und vom Summen unzähliger Bienen erfüllt ist, wird Sie für diesen geringen Verlust reichlich entschädigen.

Die folgenden Pflanzen sind bei Bienen besonders beliebt: Boretsch, Zitronenmelisse und Thymian. Aber auch Salbei, Ysop, Rosmarin, Bohnenkraut, Origano, blühender Schnittlauch, Lavendel, Königskerzen und Indianernesseln locken die geflügelten Honigsammler an.

Kräuter aus der Familie der Doldenblütler *(Umbelliferae)* ziehen die nützlichen Schwebfliegen an: Dazu gehören Petersilie, Kümmel und Koriander. Fenchel, Dill und Kümmel liebt der Schwalbenschwanz. Pfauenauge, Kleiner Fuchs und Admiral legen ihre Eier an Brennesselstauden ab, von deren Blättern sich später die Raupen ernähren.

Dies sind nur einige Beispiele für die Vielfalt des Lebens, die sich im Gewürz- und Heilpflanzengarten einfindet. Den ganzen Sommer über summt und schwirrt es zwischen den duftenden Kräutern. Aufmerksame Gärtner können hier immer etwas Interessantes beobachten und anschaulichen Naturkunde-Unterricht nehmen.

Ernten und aufbewahren

Es lohnt sich, die selbstgezogenen Kräuter auch für die Winterzeit aufzubewahren und haltbar zu machen. Getrocknet dienen sie dann als Gewürzvorräte in der Küche und als Tee, der bei Erkältungen oder Magenverstimmungen Linderung bringt. Auch durch das Einlegen frischer Kräuter in Essig oder Öl können Sie das Aroma und die Heilkräfte konservieren. So gewinnen Sie preiswerte Feinschmecker-Spezialitäten und wertvolle Arznei.

Der richtige Zeitpunkt

Jedes Kraut erlebt zu einer bestimmten Zeit im Sommer oder Herbst den Höhepunkt seiner Reife. Dann ist es besonders reich an Aroma- und Heilstoffen. In diesen kurzen Tagen oder Wochen sollten Sie Ihre Gewürz- oder Arzneikräuter ernten. Da jedes Kraut nach seinem eigenen Lebensrhythmus wächst und reift, müssen Sie sich die günstigsten Erntetermine einprägen. In

Die sommerliche Kräuterernte kann auf vielfältige Weise konserviert werden.

Ernten und aufbewahren

Kräuter können mit der Schere oder mit der Hand geerntet werden.

den Beschreibungen der einzelnen Pflanzen sind sie im zweiten Teil dieses Buches immer angegeben. Nützen Sie diese »Hochzeiten«, denn sie bedeuten eine Garantie für gute Qualität.
Der Reichtum an wertvollen Inhaltsstoffen ist allerdings auch vom Wetter abhängig. In sonnenreichen Jahren ist der Gehalt an ätherischen Ölen zum Beispiel höher als in einem kühlen, verregneten Sommer. Von vielen Kräutern können Sie für den täglichen Bedarf in der Küche vom Frühling bis zum Herbst stets frische Blätter ernten. Auch dafür finden Sie Hinweise in den Pflanzen-Porträts. Einzelne kleine Zweigspitzen, Blätter oder Blüten pflücken Sie am besten behutsam mit der Hand. Härtere Stengel schneiden Sie mit einem sehr scharfen Messer oder mit einer Rosenschere glatt ab. Vermeiden Sie Risse und Verletzungen an den Pflanzen. Solche Stellen sind offene Tore für Schädlinge und Krankheiten.

Trocknen

Zahlreiche Kräuter lassen sich ausgezeichnet trocknen. Sie sind dann etwa 1 Jahr lang haltbar. Später verlieren sie ihre Würze und Heilkraft. Diese Methode ist uralt; sie funktioniert heute genausogut wie vor tausend Jahren. Zum Dörren eignen sich zum Beispiel Thymian, Origano, Salbei, Pfefferminze, Kamille, Jo-

So hängen Sie Kräutersträuße zum Trocknen auf.

hanniskraut, Lavendel, Majoran, Bohnenkraut, Beifuß, Wermut und viele andere.
Kräuter, die Sie trocknen möchten, schneiden Sie am besten in den etwas späteren Vormittagsstunden an einem sonnigen Tag. Der Tau der Nacht soll schon abgetrocknet sein, aber die Mittagshitze darf die Blätter noch nicht »ermattet« haben. Sammeln Sie die abgeschnittenen Kräuter in einem luftigen Weidenkorb. Sie dürfen nur locker aufeinanderliegen. Überprüfen Sie zu Hause alle Kräuter noch einmal sorgfältig, denn nur einwandfreie, gesunde Pflanzenteile eignen sich zum Konservieren. Schütteln Sie die Zweige einmal kräftig, damit versteckte kleine Insekten herausfallen. Am besten wäre es, wenn Sie Ihre Kräuter so trocknen, wie sie geerntet wurden. In Gegenden mit großer Luftverschmutzung werden Sie sie aber leider vorsichtig abwaschen müssen. Schütteln Sie anschließend das Wasser aus den Zweigen, und tupfen Sie die Blätter mit Papiertüchern ab. Auf einem luftigen Rost lassen Sie die Kräuter wieder abtrocknen. Erst wenn die Blätter nicht mehr feucht sind, werden sie weiter verarbeitet.
Binden Sie lockere Sträuße aus den verschiedenen Kräutern, und hängen Sie diese kopfunter an einer Leine auf. Der Trockenplatz soll unbedingt schattig und luftig sein.

Ernten und aufbewahren

Heiße Sonne ist ebenso schädlich wie stickige, feuchte Luft. Sobald die Blätter so trocken sind, daß sie zwischen den Fingern rascheln und zerbröseln, können sie in Gläser oder Teedosen umgefüllt werden. Streifen Sie dabei die Blätter und Blüten von den Stengeln. Wichtig ist, daß die Gefäße luftdicht verschlossen werden können, zum Beispiel mit Schraubdeckeln oder Korken. So bleiben Würze und Heilstoffe am besten erhalten.
Außer auf der Trockenleine können Sie Ihre Kräuter auch auf luftigen Rosten locker ausgebreitet trocknen. Bei sehr milden Temperaturen dörren sie auch auf Trockenapparaten, die für Obst und Gemüse benutzt werden.

Aus Holzrahmen und Fliegendraht bestehen diese selbstgebauten Trockenroste.

Käuflicher Trockenapparat mit mehreren Sieben und Wärme-Regler.

Von einigen Heilpflanzen werden auch die Wurzeln geerntet und konserviert. Dies geschieht meist im Herbst oder im Frühling. Stechen Sie nur so viele Wurzelstücke mit dem Spaten oder einem scharfen Messer ab, wie die Staude ohne Schaden entbehren kann. Alant, Baldrian und Engelwurz sind zum Beispiel solche Wurzelspender. Diese braunen, fleischigen Pflanzenteile werden sorgfältig gesäubert, unter fließendem Wasser abgebürstet und wieder trockengerieben. Große Wurzeln schneiden Sie in Stücke, kleinere verarbeiten Sie im ganzen. Mit Hilfe einer Stopfnadel und eines festen Zwirnfadens reihen Sie die Wurzelernte auf eine Schnur und hängen sie wie die Kräutersträuße zum Trocknen auf.
Schließlich gibt es noch einige Gewürzpflanzen, von denen Sie vor allem die Samenkörner ernten. Kümmel, Koriander und Tee-Fenchel gehören zum Beispiel dazu. Diese Kräuter müssen Sie zur Erntezeit sorgfältig beobachten. Schneiden Sie die Dolden mit den Körnern kurz vor der Reife. Sonst besteht die Gefahr, daß sie sich lösen und herunterfallen.
Auch diese Samenstände binden Sie zu lockeren Sträußen und hängen sie zum Trocknen auf. Darunter breiten Sie saubere Baumwolltücher oder Küchenpapier aus. Dort sammeln Sie dann die reifen, ausfallenden Körner. Zuletzt klopfen Sie die Sträuße auf der Unterlage noch

Trockene Kräuter werden zerbröselt.

einmal kräftig aus. Blättchen und Staub entfernen Sie, indem Sie die Samen in ein feines Sieb schütten und rütteln. Die leichte Spreu liegt dann obenauf und kann weggepustet werden. Auch die Körnerernte bewahren Sie, ebenso wie Blätter, Blüten und Wurzeln, in verschlossenen Gefäßen auf.

Konservieren in Essig und Öl

Zu den altehrwürdigen Konservierungsmethoden, die seit Jahrtausenden im Gebrauch sind, gehört

Kräuter-Öle müssen mehrere Wochen auf einer sonnigen Fensterbank stehen.

auch das Einlegen in Essig und Öl. Diese Mittel besitzen konservierende Eigenschaften, die das Eindringen schädlicher Bakterien verhindern. Die Aroma- und die Heilstoffe der Pflanzen gehen nach einiger Zeit in die Flüssigkeit über. Essig und Öl werden so zum Träger der Würze und der medizinischen Substanzen.

Die Zubereitung benötigt nur wenig Zeit und Mühe. Die geeigneten Pflanzenteile werden sorgfältig gesäubert, abgetrocknet und dann in saubere Flaschen gefüllt. Dabei soll soviel Zwischenraum bleiben, daß Sie das gefüllte Gefäß mühelos schütteln und die Substanzen immer wieder mischen können. Anschließend gießen Sie Essig oder Öl über die Kräuter. Alle Pflanzenteile müssen ganz bedeckt sein; denn wenn ein Blatt oder ein Stengel herausragt, dann besteht Fäulnisgefahr. Verwenden Sie für diese Ansätze guten Wein- oder Obstessig und kaltgeschlagenes Olivenöl. Andere Pflanzenöle, wie zum Beispiel Distelöl, eignen sich auch. Zum Schluß werden die Flaschen fest verkorkt und auf eine sonnige, warme Fensterbank gestellt. Jeden Tag nehmen Sie sie einmal in die Hand und schütteln den Inhalt kräftig durch. Der Kräuteressig ist nach 2–3 Wochen gebrauchsfertig. Er hält sich an einem dunklen Ort jahrelang. Die Kräuteröle brauchen 3–6 Wochen, um ganz durchzuziehen. Anschließend werden sie abgefiltert. Dazu legen Sie am besten ein sauberes Taschentuch in einen großen Trichter. Zum Schluß drücken Sie das Tuch noch einmal kräftig mit

den Händen aus, damit alle wertvollen Bestandteile in die Flasche gelangen. Kräuteröl soll kühl und dunkel in braunen oder grünen Flaschen aufbewahrt werden.
Für Kräuteressig eignen sich die folgenden Kräuter einzeln oder in Mischungen: Estragon, Dill, Zitronenmelisse, Basilikum und Kapuzinerkresse. Für Kräuteröle können Sie unter anderem Majoran, Thymian, Eberraute, Salbei, Rosmarin, Pfefferminze, Dill, Lavendel, Knoblauch und Johanniskraut verwenden.
(Siehe auch Rezepte Seite 62–63.)

Einfrieren

Die moderne Methode des Einfrierens hat sich bei vielen Gemüse- und Obstarten sehr bewährt. Bei den empfindlichen Kräutern funktioniert die eiskalte Konservierung weniger gut. Meist bleibt beim Auftauen nur ein weichblättriges Häufchen Elend übrig, das kaum noch Aroma enthält. Nur für sehr wenige Kräuter lohnt sich ein Versuch. Frieren Sie einmal frische Dillblätter in kleinen Portionen ein. Auch Petersilie eignet sich. Bei diesem Kraut ist die Konservierung aber meist überflüssig, weil es über Winter im Garten grün und frisch bleibt. Einige Stengel Bohnenkraut können Sie gleich zusammen mit grünen Bohnen einfrieren. Auch ein paar Tütchen voll Schnittsellerie für den Wintereintopf sind einen Ver-

Weiß- und Rotwein-Essig mit Kräutern.

Tiefgefrorene Kräuter.

such wert. Verpacken Sie Kräuter zum Tiefkühlen in möglichst kleinen Portionen, so wie sie für ein Gericht benötigt werden; denn nach dem Auftauen halten sie sich nicht mehr lange.

Frische Kräuter im Winter

Eine vitaminreiche Wohltat sind frische grüne Kräuter in den langen Wintermonaten. Kluge Gärtner säen deshalb immer rechtzeitig diejenigen Würzpflanzen aus, die selbst unter dem Schnee grün bleiben. Petersilie, Löffelkraut und Barbarakraut gehören dazu. In milden Wintern bleiben auch ein paar Blättchen von Pimpinelle, Sauerampfer und Winterportulak am Leben. Legen Sie einige Kiefernzweige über diese Kräuter, dann können Sie auch bei Schneewetter ernten.

Im übrigen gilt es, rechtzeitig vorzusorgen. Topfen Sie im Spätherbst einen Schnittlauchballen ein, der schon einmal Frost erlebt hat. Auf einer hellen, nicht zu warmen Fensterbank treibt er dann über Winter würzige grüne Halme.

Auch Basilikum, das im Blumentopf ausgesät wurde, gedeiht noch eine Zeitlang auf einer warmen Fensterbank und liefert aromatische Blätter für die Küche. Besonders einfach und erfolgreich ist die Kresse-Aussaat. Streuen Sie die Samen auf

Kresseaussaat: auf Ton-Tieren, im Teller und im Plastikbecher; oben: eingeweichte Samen.

feuchtes Küchenpapier, das Sie in Teller oder Schalen legen. Auch kleine Töpfe mit nassem Sand eignen sich als Wurzelgrund für das bescheidene Kraut. Kresse keimt und wächst so schnell, daß Sie dabei fast zusehen können. Schon nach 8–10 Tagen können Sie das würzige Grün mit dem typischen, etwas scharfen Kressegeschmack abschneiden. Für einen Kräutergärtner, der Phantasie und rechtzeitige Vorsorge verbindet, bleibt auf diese Weise auch der Winter eine zumindest teilweise grüne Jahreszeit.

Damit Sie auf den Geschmack kommen

Dies ist ein Kräuter-Garten-Buch. Es soll Ihnen vor allem beim Anbau und bei der Pflege der Heil- und Gewürzpflanzen im eigenen Garten helfen. Die Verwendung der frischen oder getrockneten Kräuter in der Küche ist ein Thema, mit dem man viele weitere Bücher füllen könnte. Auch die Zusammenstellung von Heiltees oder selbstzubereiteten Ölen, Tinkturen und Salben für die Hausapotheke ist ein großes Wissensgebiet für sich. Sie können sich darüber in der umfangreichen Literatur informieren, die in jeder guten Buchhandlung angeboten wird.
Ich möchte Ihnen an dieser Stelle nur eine kleine Auswahl von Rezepten vorstellen. Nehmen Sie sie als Anregung für eigene Experimente und weiterführende Lektüre. Die folgenden Beispiele sollen Sie nur dazu verführen, auf den Geschmack zu kommen. Ich bin sicher, wenn Sie erst einmal davon gekostet haben, dann wird Sie diese duftende, wohlschmeckende »Hexenküche« nie wieder loslassen.

Rezepte für die Küche

Bunter Sommersalat

Mischen Sie Kopfsalat oder Eissalat mit frischen Gurkenscheiben und Tomatenstückchen. Für die Marinade verrühren Sie 3 EL gutes Pflanzenöl und 1 EL Weinessig. Würzen Sie mit Salz, wenig Pfeffer und einer kleinen Zehe Knoblauch. Dann fügen Sie 1–2 Handvoll frische, kleingeschnittene Kräuter

Frühlings-Variationen mit Veilchenblüten.

hinzu, so, wie die Jahreszeit sie gerade bietet. Die folgenden Kräuterkombinationen passen gut zusammen:

- Schnittlauch, Boretsch, Pimpinelle und Zitronenmelisse
- Boretsch, Dill und Zitronenmelisse
- Tripmadam, Pimpinelle, Estragon, Boretsch, Eberraute und Ysop
- Basilikum und Zitronenmelisse

Mischen Sie die frischen Kräuter mit der Marinade, und fügen Sie nach Geschmack saure oder süße Sahne hinzu. Kurz vor dem Servieren geben Sie den gemischten Salat unter die Soße und dekorieren ihn mit blauen Boretschblüten, Gänseblümchenblüten und Kapuzinerkresseblüten.

Basilikum-Hähnchen

Ein junges Hähnchen wird behutsam mit Pfeffer und Salz gewürzt und dann mit frischen Basilikumzweigen gefüllt. Braten Sie das Geflügel mit einem Gläschen Wein in der Tonform. Die herrliche Würze des Basilikums zieht dabei ganz in das Fleisch ein. Der Geschmack ist unvergleichlich. Aus dem Sud bereiten Sie eine helle Soße, die noch einmal mit ein paar frischen, kleingeschnittenen Basilikumblättchen und ein wenig Wein oder Sherry gewürzt wird. Dazu servieren Sie grüne Nudeln oder Reis.

Füllung mit großblättrigem Basilikum.

Kräuterbraten mit Birnen

Reiben Sie einen Schweinebraten mit Pfeffer und Salz ein. Dann legen Sie ihn in einer gewässerten Tonform auf ein Bett aus Salbeiblättern, Thymian, Origano und Majoran. Auch oben auf das Fleisch verteilen Sie noch einige Gewürzzweige (frisch oder getrocknet). Rund um den Braten legen Sie geschälte Birnenviertel. Dazu verwenden Sie aber unbedingt frisches Obst. Am besten schmecken braune, würzige Winterbirnen. Fleischsaft, Kräuter und Birnen bilden zusammen eine köstliche Aroma-Mischung. Sie können den Sud pur oder als Soße leicht gebunden servieren. Dazu schmecken Kartoffeln oder Reis.

Rezepte für Heil-Öle

Rotes Johannisöl

Die Blüten und auch die Blätter des Johanniskrautes werden ab Ende Juni (Johanni!) gepflückt, sorgfältig

verlesen und in Flaschen gefüllt. Achten Sie unbedingt darauf, daß die Blätter feine helle Stellen zeigen, wenn Sie sie gegen das Licht halten. Diese punktförmigen »Einstiche« sind der Beweis für das echte Johanniskraut. Alle anderen Arten der Pflanzen sind nicht so heilkräftig.
Übergießen Sie Blätter und Blüten mit bestem, kaltgeschlagenem Olivenöl, und verschließen Sie die Flaschen dicht. Wichtig ist, daß das Öl alle Pflanzenteile ganz bedeckt. Dieser Ansatz muß 5–6 Wochen auf einer warmen, sonnigen Fensterbank stehen. Schütteln Sie Öl und Pflanzen jeden Tag kräftig durcheinander. Langsam beginnt sich der Inhalt rot zu färben. Zum Schluß zeigt das echte Johannisöl eine leuchtend blutrote Farbe. Dann wird es durch ein sauberes Taschentuch abgefiltert. Drücken Sie die Pflanzenreste kräftig aus, damit alle wertvollen Bestandteile in das Öl übergehen. Bewahren Sie Ihr wertvolles Rotöl kühl und dunkel auf; es heilt kleine Brandwunden und Sonnenbrand. Bei rheumatischen Schmerzen können Sie die Muskeln damit einreiben. Innerlich hilft Johannisöl gegen Nervosität und leichte Depressionen. Dazu müssen Sie 6 Wochen lang dreimal täglich 1 TL voll Öl schlucken.

Lavendel-Öl
Die blauen Blüten des Lavendels werden ebenfalls mit Olivenöl oder

Johannisöl nach 2 und nach 6 Wochen.

einem guten Pflanzenöl übergossen. Sie sollen genau wie das Johannisöl auf einer warmen Fensterbank 3–4 Wochen durchziehen. Dann wird der Ansatz abgefiltert. Das würzig duftende Lavendelöl hilft gegen Kopf- und Nervenschmerzen, wenn Sie sich damit einreiben. Auch als Badezusatz können Sie es benutzen.

Rezepte für den Alltag

Kräuter gegen Insektenstiche
Frische Kräuter aus dem Garten mildern die Schmerzen eines Bienen- oder Mückenstichs, wenn sie sofort angewendet werden. Zerdrücken Sie sie ein wenig zwischen den Fingern, so daß der Saft austritt, und reiben Sie die Einstichstelle damit ab. Sie können die Blät-

ter auch noch einige Zeit auf der kleinen Wunde liegen und einwirken lassen. Der Stachel muß aber vorher unbedingt entfernt werden!
Für diese Erste Hilfe aus dem Kräutergarten eignen sich: Zitronenmelisse, Balsamkraut, Spitzwegerich und frischer Zwiebelsaft. Die Schmerzen lassen rasch nach, und Schwellungen werden meist rechtzeitig verhindert.

Salbeitee aus eigener Ernte.

Salbeitee gegen Halsschmerzen
Die silbergrauen Blätter des Salbeistrauches wirken leicht zusammenziehend. Sie sind ein ausgezeichnetes Mittel gegen Halsschmerzen.
Für eine Tasse Tee brauchen Sie 1 TL voll getrocknetes Kraut. Gießen Sie heißes Wasser darüber, und lassen Sie den Aufguß zugedeckt 5–10 Minuten ziehen.
Trinken Sie den herb-würzigen Salbeitee, mit Honig gesüßt, schluckweise und langsam. Wenn das Getränk etwas abgekühlt ist, können Sie es auch ungesüßt zum Gurgeln benutzen.

Hustentee aus dem Kräutergarten
Diese Teemischung wirkt schleimlösend, befreit die Bronchien und stärkt die Abwehrkräfte des Körpers: Mischen Sie zu gleichen Teilen Thymian, Königskerzenblüten, Malvenblüten und Veilchenblüten.
Der Hustentee wird genauso aufgegossen wie der Salbeitee. Süßen Sie ihn mit Honig, und trinken Sie ihn schluckweise zwei- bis dreimal täglich, bis die Erkältung abklingt.

Duftsträuße gegen Motten und Fliegen
Hängen Sie während der Sommerzeit Sträuße aus Rainfarn, Wermut und Eberraute in den Wohnräumen auf. Sie vertreiben Fliegen und Ungeziefer. Auch wenn dieser Kräuterschutz nicht hundertprozentig wirkt, so bietet er doch eine angenehmere Möglichkeit, sich gegen lästige Eindringlinge zu wehren, als Giftsprüher und Fliegenfänger.
Zur Mottenabwehr binden Sie kleine Sträuße, die getrocknet und dann in Baumwoll-Säckchen verpackt in den Kleiderschrank gehängt werden. Dazu eignen sich, einzeln oder gemischt, Lavendelblüten, Balsamkraut und Eberraute. Ihre Wohlgerüche duften Ihnen noch lange aus Blusen und Bettwäsche entgegen.

Kräuter stellen sich vor

Auf den folgenden Seiten sind die wichtigsten Gewürz- und Heilpflanzen, die Sie im Garten anpflanzen können, beschrieben. Die einzelnen Kräuter-Portraits sind nach ihrer Zugehörigkeit zu den großen Pflanzenfamilien geordnet. Die Symbole neben der Hauptüberschrift sollen Ihnen als Leitfaden und Erkennungszeichen dienen.

Sie finden in den Einzelbeschreibungen Hinweise über die Herkunft, die Gestalt und die Eigenarten der Pflanzen; dann folgen die wichtigsten Tips für die Kultur im Garten, für den günstigsten Zeitpunkt der Ernte und die besten Konservierungsmethoden. Wenn Sie außerdem noch etwas über Geschmack und Würze, die heilsamen Inhaltsstoffe und die Verwendung der Kräuter erfahren möchten, so schlagen Sie am besten in der Tabelle Seite 118–125 nach.

Beginnen wir mit den praktischen Tips für den Kräutergärtner. Die ein- und zweijährigen Kräuter müssen Sie alle Jahre wieder aus der Samentüte aussäen. Die mehrjährigen Kräuter bleiben lange Zeit am gleichen Platz stehen. Aus Wurzelstökken oder holzigen Zweigen treiben sie im Frühling neu aus. Mischen Sie kurzlebige und ausdauernde, würzende und heilende Pflanzen in einer bunten Gemeinschaft. Je mehr Kräuter Sie »persönlich« kennenlernen, desto tiefer erschließt sich Ihnen der Reichtum dieser besonderen Gewächse.

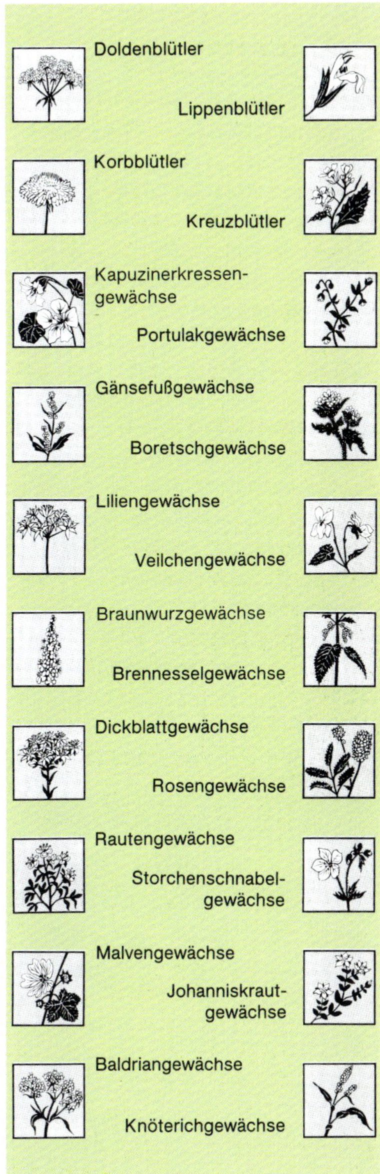

Einjährige Kräuter

Anis

Pimpinella anisum

Andere Namen: Süßer Kümmel, Brotsamen, Römischer Fenchel.
Herkunft: Anis stammt aus den östlichen Mittelmeerländern. Er war lange vor der Zeitenwende bekannt und wurde von den Römern sehr geschätzt. Im Mittelalter gedieh das Kraut mit den süß-würzigen Samen auch in unseren Klostergärten.
Botanischer Steckbrief: Anis gehört zur Familie der Doldenblütler *(Umbelliferae).* Die Pflanze treibt eine lange, dünne Pfahlwurzel in den Boden. Dicht über der Erde bildet sie eine Blattrosette, aus der ein 30–50 cm hoher, gerillter Stengel wächst. Daran entwickeln sich drei verschiedene Blattformen: die untersten sind ungeteilt; in der Mitte bilden sich drei- bis fünffach gefiederte und am oberen Teil des Stengels sehr schmale, tief eingeschnittene Blätter. Von Juli bis August entfaltet der Anis lockere, weiße Blütendolden. Die Samenkörner liegen paarweise in kleinen, eiförmigen Früchten.
Kultur im Garten: Anis braucht humusreichen Boden und einen sonnigen, warmen Standort. In naßkühlen Sommern reifen die Samen oft nicht aus. Säen Sie das Würzkraut ab April im Freiland aus. Die Reihen benötigen 20–30 cm Abstand. Es kann 3–4 Wochen dauern, bis die Saat keimt. Die jungen Pflanzen werden später auf 15 cm Abstand ausgelichtet, damit sie sich gut entwickeln können. Eine leichte Kalkdüngung mit Algenkalk bekommt dem Kraut gut.
Ernte und Konservierung: Die Dolden reifen nicht zur gleichen Zeit. Schneiden Sie im Herbst immer diejenigen Samenstände ab, die sich bräunlich färben. Sie werden zum Trocknen aufgehängt.

Dill

Anethum graveolens

Andere Namen: Dillfenchel, Gurkenkräutl.
Herkunft: Der Dill stammt vermutlich aus Südosteuropa und dem Vorderen Orient. Er gehört zu den ältesten Gewürz- und Heilkräutern. Schon zur Zeit Karls des Großen wurde der Dill auch bei uns kultiviert.
Botanischer Steckbrief: Dill gehört zur Familie der Doldenblütler

(Umbelliferae). Er bildet eine lange Pfahlwurzel. Der Stengel ist hohl; die gefiederten Blätter umfassen ihn mit ihren Blattscheiden. Von Juni bis August sind die Pflanzen von gelben, strahlenförmigen Blütendolden gekrönt. Die Samen sind länglich-rund und enthalten zwei Körner. In seiner ganzen Gestalt ähnelt der Dill dem Teefenchel, er ist aber etwas feingliedriger.

Kultur im Garten: Ab April können Sie den Dill im Freiland aussäen. Das Kraut liebt gleichmäßig feuchten Humus, der aber locker und durchlässig sein muß. Oberirdisch braucht es viel Sonne. Die Reihen benötigen 25–30 cm Abstand. Die Pflanzen mit den langen Pfahlwurzeln lassen sich nur schwer versetzen. Lichten Sie besser die Reihen aus, wo dies nötig erscheint. Säen Sie noch ein- oder zweimal nach, um lange frisches Kraut ernten zu können. Vor allem in der Einmachzeit werden Sie den Dill reichlich brauchen. Wo es ihm gefällt, da wächst das duftige Kraut bis zu 1,50 m hoch.

Für feuchten Boden sorgen in der Sommerzeit Mulchdecken aus Gras. Sehr gut gedeiht der Dill auch zwischen Gurkenranken.

Ernte und Konservierung: Frische Dillblätter können Sie vom Frühsommer bis zum Herbst pflücken. Die Dolden mit den Dillsamen werden getrocknet, wenn sie sich im Herbst braun färben. Auch die Blüten können Sie beim Einlegen von Gurken verwenden. Grünes Dillkraut können Sie jederzeit einfrieren.

Kerbel

Anthriscus cerefolium

Andere Namen: Körbel, Körfel, Suppenkraut.

Herkunft: Die Heimat des Kerbels liegt in Südeuropa und Westasien. Von dort gelangte er in die Mittel-

meerländer. Wahrscheinlich brachten ihn bereits römische Legionäre über die Alpen nach Germanien.

Botanischer Steckbrief: Der Kerbel gehört in die Familie der Doldenblütler *(Umbelliferae)*. Er ist mit Möhren und Petersilie verwandt. Aus dünnen, spindelförmigen Wurzeln wächst ein hohler gerillter Stengel. Die Pflanzen verzweigen sich und bilden hellgrüne, drei- bis vierfach gefiederte Blätter. Aus den Blattachseln wachsen lange Stiele, an deren Spitzen sich von Mai bis August zarte weiße Blütenschirme öffnen.

Kultur im Garten: Kerbel ist nicht empfindlich und kann deshalb schon ab März bei günstigem Wetter ausgesät werden. Die Reihen brauchen 10 cm Abstand. Säen Sie dünn, denn ein Verpflanzen lohnt sich nicht. Das Kraut liebt lichten Schatten und mäßig feuchten Boden. Sonst ist es sehr anspruchslos.

Kerbel wächst rasch und kann schon nach wenigen Wochen geschnitten werden. Er schießt aber auch schnell in Blüte. Wer das Kraut liebt, der sollte öfter eine neue Reihe aussäen. Sie können zwischen glattblättrigen und krausen Sorten wählen.

Ernte und Konservierung: Nur das frische, junge Kraut schmeckt gut und würzig. Schneiden Sie es auf jeden Fall vor der Blüte. Konservieren lohnt nicht. »Ernten« Sie von einigen Pflanzen Samen!

Koriander

Coriandrum sativum

Andere Namen: Schwindelkraut, Wanzendill, Krapfenkörner.

Herkunft: Der Koriander ist in den Mittelmeerländern und im Mittleren Osten zu Hause. Seit Jahrtausenden wird er bereits in Indien und China, in Ägypten und dem Orient benutzt. Die Römer brachten das Würzkraut über die Alpen.

Botanischer Steckbrief: Der Koriander gehört zur Familie der Dol-

Korianderkraut, unten: Blüte und Samen.

denblütler *(Umbelliferae)*. Er besitzt eine typische spindelförmige Wurzel und gerillte Stengel. Die Pflanzen verzweigen sich und bilden zwei unterschiedliche Blattformen aus: Die unteren Blätter sind dreilappig, die oberen feingefiedert. Von Juni bis Juli öffnen sich an den Zweigspitzen weißrosa Blütendolden. Die runden Samen bestehen aus zwei Halbkugeln.

Kultur im Garten: Bereits im April können Sie den Koriander ins Freiland säen. Er liebt lockeren, etwas kalkhaltigen Boden und viel Sonne. Die Körner sollen etwa 1 cm tief in der Erde liegen. Die Reihen benötigen 30 cm Abstand. Das Verpflanzen empfiehlt sich – wie bei allen Gewächsen mit dünner, langer Wurzel – nicht. Lichten Sie lieber die Reihen aus, so daß zwischen den Pflanzen 10–15 cm Zwischenraum entsteht. Im übrigen ist das Kraut sehr anspruchslos; es wächst je nach Standort 30–70 cm hoch.

Ernte und Konservierung: Meist werden nur die Samen des Korianders verwendet. Schneiden Sie die Dolden rechtzeitig, bevor sie ganz trocken, braun und reif sind, sonst fallen die Körner leicht auf den Boden. Denken Sie dabei an genügend lange Stiele, damit Sie Sträuße zum Trocknen binden können. Die grünen Blätter haben einen eigenartigen Geruch, der an Wanzen erinnern soll. Im Orient werden sie dennoch reichlich verwendet. Probieren Sie aus, ob Sie sie mögen.

Schnittsellerie

Apium graveolens

Andere Namen: Suppenkraut, Eppich.

Herkunft: Die wilde Urform des Sellerie ist auf salzigen Böden sowohl an den Küsten Europas als auch in Westasien, in Afrika und Südamerika zu Hause.

Botanischer Steckbrief: Der Sellerie gehört in die Familie der Doldenblütler *(Umbelliferae)*. Im Gegensatz zu dem bekannten Gartengemüse bildet der Schnittsellerie keine Knollen. Aus einer spindelförmigen, verzweigten Wurzel wachsen kantige, gerillte Stengel. Die Blätter sind glänzend dunkelgrün und verschiedenartig gefiedert. Die kleinen, weißen Blüten bilden lockere Dolden.

Kultur im Garten: Schnittsellerie wird erst im Mai ausgesät. Er gehört zu den Lichtkeimern, deshalb dürfen Sie die Samen nur dünn mit Erde bedecken. Sie können das

Kraut auch in Töpfen vorziehen und ab Mitte Mai auspflanzen.
Schnittsellerie wächst in der Sonne und im Halbschatten. Er braucht guten, nährstoffreichen Boden und viel Feuchtigkeit. Geben Sie diesem deftigen Würzkraut etwas organischen Dünger; am besten streuen Sie ihn bereits im zeitigen Frühjahr als Vorratsnahrung aus. Lassen Sie das Kraut in der Reihe weiterwachsen; lichten Sie nur zu dicht stehende Pflanzen aus. Bei mehreren Reihen brauchen Sie 20 cm Abstand.
Im Sommer verträgt der Schnittsellerie einen Schuß Brennessel-Jauche. Gießen Sie in Trockenzeiten stets reichlich. Geben Sie dabei auch einmal 1–2 EL Kochsalz ins Wasser. Diese Zusatznahrung ist beim Sellerie durchaus naturgemäß, da er von salzigen Böden stammt.
Ernte und Konservierung: Sobald die Pflanzen groß genug sind, können Sie laufend frische Blätter ernten. Nehmen Sie aber nur junges Grün; alte Pflanzenteile werden ledrig-hart. Während des ganzen Sommers können Sie Schnittsellerie trocknen oder einfrieren.

Basilikum

Ocimum basilicum

Andere Namen: Königskraut, Hirnkraut, Balsam, Bienenweide.
Herkunft: Die Urheimat des Basilikums liegt wahrscheinlich im tropi-

schen Vorderindien. Das Kraut ist aber schon seit Jahrtausenden auch im Orient und in den Mittelmeerländern zu Hause. Über die Alpen gelangte es etwa im 12. Jahrhundert.
Botanischer Steckbrief: Basilikum gehört in die Familie der Lippenblütler *(Labiatae)*. Die Pflanze wächst stark verzweigt. Die Stengel sind kantig, die Blätter länglich oval und leicht gewölbt. An den Triebspitzen öffnen sich von Juli bis September elfenbeinweiß bis rosa gefärbte Blüten, die Scheinquirle bilden. Je nach den Klimabedingungen wächst das Basilikum 15–60 cm hoch. Es gibt verschiedene Arten des Krautes, darunter auch rotblättrige.
Kultur im Garten: Sie können zwischen kleinblättrigem Basilikum und großblättrigem Basilikum wählen. Die zierlichere Sorte ist feiner im Aroma, die große kann dafür mehr Widerstandskraft bieten. Im Handel

werden auch rotblättrige Sorten, Zitronenbasilikum und zahlreiche andere Geschmacksvariationen angeboten (siehe Bezugsquellen).
Säen Sie das empfindliche Kraut von März bis April auf einer warmen Fensterbank oder im Gewächshaus aus. Basilikum ist ein Lichtkeimer; die Samen werden nur wenig mit Erde bedeckt; sie keimen rasch. Setzen Sie die jungen Pflanzen büschelweise in kleine Töpfe um. Sie dürfen ausnahmsweise etwas tiefer in die Erde gedrückt werden, damit sie Halt bekommen.
Ab Mitte Mai können Sie das Basilikum an eine warme, geschützte Stelle ins Freiland pflanzen. Das Kraut liebt humusreichen, etwas sandigen Boden und muß bei Trokkenheit reichlich gegossen werden. Halten Sie einen Abstand von 25 × 25 cm ein. Wenn Sie den Pflanzen die Mittelspitze herausbrechen, verzweigen sie sich besser. Es lohnt sich immer, einen Teil des Basilikums in große Töpfe zu pflanzen. In kühlen, verregneten Sommerwochen gedeiht das Kraut auf der Fensterbank besser als im Garten.
Ernte und Konservierung: Junge, frische Blätter können Sie jederzeit für die Küche pflücken. Ältere Blätter schmecken etwas scharf. Sie können Basilikum vor der Blüte trocknen, aber es verliert dabei den größten Teil seines feinwürzigen Aromas. Überwintern Sie lieber einen Topf mit frischem Kraut auf der Fensterbank.

Bohnenkraut

Satureja hortensis

Andere Namen: Pfeffer-, Wurst-, Käsekraut, Sommersaturei, Josefle.
Herkunft: Das Bohnenkraut stammt aus den Mittelmeerländern. Bereits die Römer verwendeten das kräftig-würzige Kraut. Mönche brachten es im 9. Jahrhundert über die Alpen nach Mitteleuropa. Seit Jahrhunderten ist das Bohnenkraut auch bei uns ein volkstümliches Gewürz.
Botanischer Steckbrief: Bohnenkraut gehört in die Familie der Lippenblütler *(Labiatae)*. Die Pflanze bildet eine kräftige Hauptwurzel und reichverzweigte Stengel. Die dunkelgrünen, schmalen Blätter sind leicht behaart. Von Juli bis Oktober öffnen sich in den Blattachseln kleine rosa, weiße oder blaßlila Blüten, die Scheinähren bilden.
Kultur im Garten: Im April können Sie das Bohnenkraut im Frühbeet

oder unter Folientunneln aussäen, ab Mai gedeiht es auch im Freiland. Das Kraut liebt warmen, lockeren Humus. Die Reihen benötigen 20–25 cm Abstand. Wenn Sie reichverzweigte, kleine Sträucher haben möchten, verziehen Sie die jungen Pflanzen auf 25–30 cm Abstand. Bohnenkraut ist ein Lichtkeimer, deshalb werden die feinen Samen nur dünn mit Erde bedeckt. Säen Sie das Kraut Anfang Juni noch einmal aus, dann haben Sie immer frische, würzige Vorräte. Bohnenkraut verträgt, wenn es gut eingewurzelt ist, auch Trockenheit. Das Kraut wird 30–40 cm hoch.

Ernte und Konservierung: Frische Blätter und Zweige können Sie jederzeit pflücken. Kurz vor und während der Blüte ist das Aroma am kräftigsten, dann schneiden Sie das Bohnenkraut, bündeln es zu Sträußen und hängen es zum Trocknen auf. Es behält seine Würze ausgezeichnet.

Majoran

Origanum majorana

Andere Namen: Wurstkraut, Mairan, Bratekräutche.

Herkunft: In den Ländern rund um das Mittelmeer ist der Majoran zu Hause. Dort bildet er mehrjährige kleine Sträucher. Im Altertum wurde das Kraut bereits von Ägyptern, Griechen und Römern benutzt. In die Länder nördlich der Alpen soll es erst im ausgehenden Mittelalter gelangt sein.

Botanischer Steckbrief: Der Majoran gehört in die Familie der Lippenblütler *(Labiatae).* Er bildet zierliche, verzweigte Pflanzen mit vierkantigen, leicht behaarten Stengeln. Die typischen Blätter sind klein, eiförmig und graugrün behaart. Sie weisen zahlreiche Drüsen auf. Von Juni bis September bilden sich an den Spitzen der Zweige kugelige Blütenstände, die lange wie Knospen aussehen. Zwischen den grünen Hüllblättern verstecken sich rosa oder weiße Blüten.

Kultur im Garten: Majoran dürfen Sie erst ab Mai im Garten aussäen, wenn der Boden warm und locker ist. Im März oder April können Sie aber schon mit der Vorkultur auf der Fensterbank beginnen. Im Freiland braucht das Kraut einen sehr sonnigen Platz und durchlässigen, humusreichen Boden. Majoransamen ist sehr fein; er darf nur ganz dünn

mit Erde überstreut werden. Die Reihen benötigen 20–25 cm Abstand. Setzen Sie später die jungen Pflänzchen büschelweise mit 15 cm Zwischenraum auseinander. Wenn er gut eingewurzelt ist, verträgt der Majoran auch Trockenheit. Sorgen Sie immer dafür, daß der Boden lokker bleibt. Bei guter Pflege kann das Kraut 30–40 cm hoch werden.

Ernte und Konservierung: Frische Zweigspitzen können Sie vom Frühsommer bis zum späten Herbst pflücken, sobald die Pflanzen groß genug sind. Zum Trocknen schneiden Sie den Majoran kurz bevor die kugeligen Knospen sich öffnen. In warmen Herbstwochen wächst oft noch eine zweite Ernte nach. Das Kraut behält seine intensive Würzkraft noch sehr lange. Sie können es auch in Öl einlegen.

Kamille

Chamomilla recutita

Andere Namen: Echte Kamille, Mutterkraut, Mägdeblume, Kummerblume.

Herkunft: Ursprünglich kommt die Kamille aus Südeuropa; heute ist sie in ganz Europa als wildwachsendes Kraut in verschiedenen Arten verbreitet.

Botanischer Steckbrief: Die Kamille bildet eine verzweigte Pflanze mit zartgefiederten Blättern, die in die Familie der Korbblütler *(Compositae)* gehört. An den Enden der

Stiele erscheinen von Juni bis September Blumen mit weißen Strahlenblüten am Rand und gelben Röhrenblüten in der Mitte.

Bei der Echten Kamille hängen die äußeren weißen Blütenblätter nach der Befruchtung nach unten. Ein wichtiges Erkennungsmerkmal: Wenn Sie ein Blütenköpfchen aufbrechen, dann zeigt es am Boden einen kegelförmigen Hohlraum. Wo sie nicht durch Unkrautvernichtungsmittel vertrieben wurde, da wächst die Echte Kamille gern in Getreidefeldern, an Acker- und Wegrändern. Nicht heilkräftig sind die Ackerhundskamille und die Geruchlose Kamille.

Kultur im Garten: Im April können Sie die Kamille in Reihen mit 30–40 cm Abstand, als Einfassung eines Beetes oder breitwürfig aussäen. Samen gibt es im Fachhandel. Die Pflanzen sind anspruchslos. In voller Sonne und auf humusreichen, leicht lehmigen Böden gedeihen sie

am besten; dort finden sie ähnliche Bedingungen wie auf einem Weizenfeld. Wo die Pflanzen zu dicht stehen, werden sie ausgelichtet auf mindestens 20 cm Abstand, damit sie sich gut verzweigen können. Die Kamille wächst 20–50 cm hoch.
Ernte und Konservierung: Während der Blütezeit werden regelmäßig die Blütenköpfchen bei sonnigem Wetter eingesammelt. Trocknen Sie sie sorgfältig und langsam auf luftigen Rosten (keine Metallgitter!). Die Blüten müssen locker ausgebreitet werden und dürfen nicht aufeinander liegen.

Ringelblume

Calendula officinalis

Andere Namen: Goldblume, Sonnenwendeblume, Ringelrose, Jesusblume.
Herkunft: Die Ringelblume ist in Asien und in den südeuropäischen

Mittelmeerländern zu Hause. Sie kam früh über die Alpen und wurde bereits im Mittelalter in Kloster- und Bauerngärten gepflanzt.
Botanischer Steckbrief: Die Ringelblume gehört zur Familie der Korbblütler *(Compositae).* Sie besitzt kantige, starkverzweigte Stengel, die leicht brechen. Dann tritt ein klebriger Saft aus, der streng und harzig riecht. Die länglichen Blätter sind behaart. Von Juni bis zum Frost öffnen sich an den Spitzen der Zweige gelbe oder orangefarbene Strahlenblüten.
Kultur im Garten: Diese uralte Heilpflanze und Bauerngartenblume ist sehr bescheiden. Sie liebt zwar volle Sonne und nährstoffreiche, etwas lehmige Böden, nimmt aber auch mit weniger günstigen Plätzen vorlieb. Die großen, krummen Samenkörner dürfen Sie unbesorgt ab März in die Erde legen. Am besten säen Sie breitwürfig und verpflanzen die Setzlinge später mit 20–30 cm Abstand. Die Ringelblume braucht keine besondere Pflege.
Nur zu dichter Stand und tiefer Schatten schaden ihr. Wenn Sie verblühte Blumen stets herausschneiden, dauert die Blütezeit länger. Im Spätsommer samen sich die Pflanzen von selber aus. Meist bleiben sie dem Garten jahrelang treu, ohne daß der Gärtner sie wieder zu vermehren brauchte. Im Kräuter- und Heilpflanzengarten leuchten die Ringelblumen wie strahlende Abbilder der Sonne.

Ernte und Konservierung: Sehr junge, grüne Blätter und Blütenblättchen können Sie während des ganzen Sommers für den Salat pflücken. Von frisch aufgeblühten Ringelblumen werden die äußeren Blütenblätter abgezupft und getrocknet. Dazu breiten Sie sie vorsichtig und locker auf Rosten aus. Sie können die Blütenblätter auch mit Öl übergießen.

Kresse

Lepidium sativum

Andere Namen: Pfefferkraut, Gartenkresse.
Herkunft: Die Kresse war ursprünglich im Vorderen Orient zu Hause. Schon zur Zeit Karls des Großen kannte man das Kraut auch nördlich der Alpen.
Botanischer Steckbrief: Die Kresse gehört in die Familie der Kreuzblütler *(Cruciferae)*. Aus einer langen, dünnen Hauptwurzel wachsen verzweigte bläulichgrüne Stengel. Die unteren Blätter sind länglich-eiförmig, die oberen verschiedenartig gefiedert. An den Spitzen der Stengel erscheinen kleine weiße Blüten. Die rötlichbraunen Samen liegen in kleinen Schoten.
Kultur im Garten: Kresse gehört zu den anspruchslosen Kräutern. Bereits im März können Sie die Samen im Freiland ausstreuen. Die Reihen sollen 10 cm auseinanderliegen. Kresse keimt rasch und wächst zügig. Wenn Sie dieses Kraut gern öfter verwenden möchten, dann säen Sie am besten alle 2–3 Wochen eine neue Reihe nach. Sobald die Kresse Blüten ansetzt, werden die Blätter scharf und ungenießbar. Bei Trockenheit müssen Sie das Kraut kräftig gießen; sonst ist es sehr anspruchslos. Sonnige und halbschattige Plätze sind gleichermaßen für die Kultur geeignet.
Ernte und Konservierung: Schneiden Sie immer frische, junge Blätter, solange das Kraut reicht. Konservierung lohnt sich nicht, da Sie Kresse jederzeit, auch im Winter, neu aussäen können.

Blühende Kressepflanze – bald wird sie Samen ansetzen! Junge Kresse s. Seite 31.

Kapuzinerkresse

Tropaeolum majus

Andere Namen: Großindische Kresse, Blume der Liebe, Kapern, Salatblume.
Herkunft: Die Kapuzinerkresse stammt aus Peru. Spanische Eroberer brachten sie nach Europa.
Botanischer Steckbrief: Die Kapuzinerkresse gehört in die Familie der Kapuzinerkressengewächse *(Tropaeolaceae)*. Über kurzen Wurzeln wachsen lange, saftreiche Ranken, die mit schildförmigen Blättern besetzt sind. Charakteristisch ist der wachsartige Überzug, auf dem sich der Tau als glitzernde Kugeln sammelt. Die Blätter sind hellgrün bis blaugrün gefärbt. In warmen Gelb-, Orange- und Rottönen leuchten die glockenförmigen, gespornten Blüten. Bis zum Frost öffnen sich immer neue Knospen.
Kultur im Garten: Die Kapuzinerkresse ist frostempfindlich. Ab April

können Sie sie auf der Fensterbank vorziehen, ab Mai auch im Freiland aussäen. Die großen Samen lassen sich leicht dosieren. Legen Sie die Körner mit 10 cm Abstand 2 cm tief in die Erde. Besonders viel Platz benötigt die rankende Kapuzinerkresse *(T. majus)*, die auch an Gittern und Zäunen hochwächst. Runde »manierliche« Büsche bildet dagegen *Tropaeolum nanum.*
Die bunte Kresse aus Peru liebt humusreichen, nicht zu schweren Boden. Sie gedeiht in der Sonne und im Halbschatten. Im Kräutergarten setzt sie heitere Farbtupfer zwischen die zahlreichen grünen Blattgewächse. Auch in Balkonkästen gedeiht die Kapuzinerkresse sehr bereitwillig.
Ernte und Konservierung: Zarte, junge Blätter können vom Frühsommer bis zum Herbst gepflückt werden. Auch die Blüten sind eßbar. Sie eignen sich gut zur Dekoration. Blätter und Blüten können Sie in Essig konservieren. Blütenknospen und junge Samenkapseln legen Sie als Kapernersatz in Essig ein.

Portulak

Portulaca oleracea

Andere Namen: Bürzelkraut, Postelein.
Herkunft: Der Portulak stammt ursprünglich aus Vorderindien. Er kam schon früh in die Mittelmeerländer. Wann er ins nördliche Europa ein-

wanderte, ist nicht genau bekannt. In den Kräuterbüchern des ausgehenden Mittelalters wird er als »Burtzelkraut« beschrieben.

Botanischer Steckbrief: Der Portulak gehört in die Familie der Portulakgewächse *(Portulacaceae).* Er treibt eine spindelförmige, verzweigte Wurzel in die Erde. Die Pflanze besteht aus verästelten, dickfleischigen Stengeln, die grünrötlich gefärbt sind. Auch die verkehrt eiförmigen Blätter sind saftreich und fleischig. An den Zweigspitzen erscheinen zwischen den Blättern kleine gelbliche Blüten.

Kultur im Garten: Die feinen Samen des wärmebedürftigen Portulaks werden ab Mai ausgesät. Das Beet soll sonnig sein; etwas sandige, durchlässige Erde eignet sich am besten. Bedecken Sie die Saat nur sehr dünn mit gesiebtem Kompost. Die Reihen benötigen 20 cm Abstand. Sie können den Portulak dicht auflaufen lassen, wie Spinat, oder die Pflanzen auseinandersetzen, damit sie sich verzweigen. Sie wachsen dann etwa 30 cm hoch. Das Kraut braucht viel Wasser, um seine saftreichen Blätter zu entwikkeln. Sie können es öfter nachsäen, um immer frische Vorräte zu haben.

Ernte und Konservierung: Portulak entwickelt sich rasch. Ernten Sie stets die jungen, saftigen Blätter. Zum Konservieren eignet sich das Kraut nicht. Sie können höchstens versuchen, einige Pflanzen im Herbst einzutopfen und auf die Fensterbank zu stellen.

Winterportulak

Montia perfoliata

Andere Namen: Kleines Postelein, Kuba-Spinat.

Herkunft: In Amerika liegt die Heimat des Kuba-Spinates.

Botanischer Steckbrief: Der Winterportulak gehört zur Familie der Portulakgewächse *(Portulacaceae).* Ähnlich wie Feldsalat bildet er ein »Nest« von Blättern. Diese sind zum Teil spitz-eiförmig, zum Teil rundlich gebogen wie kleine Schüsselchen. Aus der Vertiefung in der Blattmitte wachsen im Frühling auf winzigen Stielen weiße Blütensternchen.

Kultur im Garten: Im April können Sie zum ersten Mal Winterportulak im Garten aussäen. Die feinen Samen werden nur dünn mit Erde bedeckt. Die Reihen benötigen 15 cm Abstand. Genau wie Feldsalat kön-

Im Herbst ähnelt der Winterportulak dem Feldsalat; im Frühling erscheinen in der Mitte der Blätter weiße Blüten.

nen Sie Winterportulak auch breitwürfig aussäen, so daß das Kraut wie ein Teppich das Beet bedeckt. Halten Sie die Erde immer gut feucht; dies ist der einzige Anspruch, den das Kleine Postelein stellt. Lichten Sie zu dicht stehende Pflanzen aus, damit die übrigen sich kräftig ausbreiten können.
Von August bis September können Sie noch einmal auf abgeernteten Flächen Winterportulak aussäen. Das Kraut bleibt über Winter grün. Schützen Sie es aber mit einer Decke aus Fichten- oder Kiefernreisig. Besonders empfehlenswert ist es, Winterportulak im Herbst im Frühbeet oder in einem ungeheizten Gewächshaus auszusäen. Dort wächst das Kraut bei mildem Wetter sogar über Winter weiter.
Ernte und Konservierung: Frische grüne Blätter können Sie zu jeder Jahreszeit ernten. Sie wachsen sogar öfter nach. Auch die blütengeschmückten Blätter sind eßbar. Konservierung lohnt nicht, weil die Pflanzen wintergrün sind.

Melde

Atriplex hortensis

Andere Namen: Gartenmelde, Spanischer Spinat.
Herkunft: Die Melde ist wahrscheinlich ursprünglich in Asien zu Hause, in Europa aber schon lange eingewandert. Bereits Karl der Große ließ die Gartenmelde auf seinen Gütern anbauen. Sie zählt zu den uralten Pflanzen des Bauerngartens.
Botanischer Steckbrief: Die Melde gehört in die Familie der Gänsefußgewächse *(Chenopodiaceae).* Sie bildet lange, verzweigte Stengel. Charakteristisch sind die pfeilförmigen Blätter. Bei der Gartenmelde sind sie grün gefärbt und mit einem mehligen Belag überzogen. Außerdem gibt es eine weinrote Kultursorte. Aus den oberen Blattachseln

Grüne Melde.

Rote Melde ziert den Kräutergarten.

wachsen im Sommer Stiele mit unscheinbaren, grünlichen Blütendolden.

Kultur im Garten: Melde ist unempfindlich gegen Kälte. Von März bis April können Sie sie ins Freiland säen. Legen Sie die Samen etwa 1 cm tief in die Erde. Da die Pflanzen sich stark verzweigen und 1,20–1,80 m hoch wachsen, setzen Sie sie später mit mindestens 30 cm Abstand auseinander.

Melde gedeiht beinahe überall. Besonders gut entwickelt sie sich in feuchtem Humus an sonnigen Standorten. Die Pflanzen setzen reichlich Samen an und säen sich meist selber aus. Im Kräutergarten sieht die rotblättrige Melde besonders hübsch aus. Sie sorgt für leuchtende Farbkontraste.

Ernte und Konservierung: Junge, saftige Blätter können Sie während des ganzen Sommers für die Salatschüssel ernten. Konservieren lohnt nicht.

Boretsch

Borago officinalis

Andere Namen: Gurkenkraut, Herzfreude, Wohlgemutsblume, Himmelsstern.

Herkunft: Wahrscheinlich stammt der Boretsch aus den Mittelmeerländern. Die Araber brachten ihn nach Spanien, und von dort wanderte er nach Mitteleuropa.

Botanischer Steckbrief: Der Boretsch gehört zur Familie der Rauhblatt- oder Boretschgewächse *(Boraginaceae).* Er treibt kräftige Wurzeln tief in den Boden. Die Pflanzen verzweigen sich sehr breit. Die Stengel sind rauh behaart und sehr saftreich. Die elliptisch geformten Blätter besitzen ebenfalls auf beiden Seiten eine haarige Oberfläche, wie der Familienname schon sagt. Junge Blätter fühlen sich samtweich und saftig an; ältere Blätter werden hart und rauh. Am Ende der Stengel

entfaltet der Boretsch während des ganzen Sommers himmelblaue, manchmal auch rosa oder weiße Blütensterne.

Kultur im Garten: Ab April können Sie die großen, eckigen Samen des Boretsch im Freiland aussäen. Das Kraut gehört zu den Dunkelkeimern, deshalb werden die Körner sorgfältig mit Erde zugedeckt. Säen Sie nicht in Reihen, sondern breitwürfig auf einer möglichst großen Fläche. Später entfernen Sie alle dichtstehenden Pflänzchen; ihre zarten Blätter wandern in die Salatschüssel.

Boretsch entwickelt sich zu kräftigen, breitverzweigten Pflanzen, die viel Platz brauchen. Unter guten Bedingungen erreichen sie 80 cm Höhe. Bei zu engem Stand besteht die Gefahr von Mehltau- und Läusebefall. Junge Pflanzen lassen sich nicht gut versetzen. Die lange, dünne Pfahlwurzel wächst nur mühsam wieder an.

Die vitalen, saftstrotzenden Boretschpflanzen lieben nährstoffreichen, feuchten Humus. Ein Schuß Brennessel-Jauche bekommt ihnen gut. Reichlich Licht und Luft sind wichtig für gesundes Wachstum. Wo es sich wohlfühlt, da gedeiht dieses Kraut fast wie Unkraut. Es samt sich selber aus und wandert durch den ganzen Garten. Achten Sie immer darauf, daß der Boretsch zartere Pflanzen nicht überwuchert. In den Blattachseln bilden sich immer wieder junge, weiche Blätter. Wer mehrmals nachsät, braucht sich um zarten Nachwuchs nicht zu sorgen.

Ernte und Konservierung: Frische, samtige Blätter können Sie nach Bedarf pflücken. Sie müssen sofort verwendet werden, weil das Kraut rasch welkt. Auch die blauen Blüten sind eßbar; sie eignen sich als reizvolle Dekoration der Salatschüssel. Konservierung lohnt sich kaum; Sie können es höchstens mit dem Einfrieren versuchen.

Knoblauch

Allium sativum

Andere Namen: Knubel, Knofel, Stinkerzwiebel, Gruserich.

Herkunft: Wahrscheinlich lag die Urheimat des Knoblauchs in Zentralasien. Aber seit Jahrtausenden ist er in vielen Ländern der Welt zu Hause: zum Beispiel in China, Japan, Indien, Ägypten, Griechenland und Italien. Bereits zur Zeit Karls des Großen wuchs er auch in den Gärten Germaniens.

Botanischer Steckbrief: Der Knoblauch ist ein Liliengewächs *(Liliaceae),* das eng mit Zwiebeln, Schnittlauch und Porree verwandt ist. Strenggenommen gehört er nicht zu den Kräutern. Als uralte Würz- und Heilpflanze darf er aber in keinem Kräutergarten fehlen.

Der Knoblauch besteht aus einer Hauptzwiebel, die ringsum von leicht gebogenen Nebenzwiebeln, den sogenannten Zehen, umgeben ist. Die ganze Zwiebel ist von trokkenen, papierartigen Schalen umhüllt, die weiß, rosa oder lila gefärbt sind. Die Wurzeln wachsen aus dem Boden der Knoblauchzwiebel. Oberirdisch bildet die Pflanze schmale, gebogene Blätter und runde Blütenstengel, die 30–90 cm hoch wachsen. Der kugelige weiß-rosa Blütenstand ist von einem Hüllblatt umgeben. Neben den meist unfruchtbaren Blüten bilden sich zahlreiche kleine Brutzwiebeln.

Kultur im Garten: Knoblauch braucht humusreichen, nahrhaften Boden, der aber nicht frisch gedüngt sein darf. Wählen Sie einen freien, sonnigen Standort. Die einzelnen Zehen werden 5 cm tief in den Boden gesetzt. Zwischen den Pflanzen soll 15 cm Zwischenraum frei bleiben. Die Reihen benötigen 20 cm Abstand.

Sie können zwischen zwei Pflanzzeiten wählen: März bis April oder Oktober. Die frühe Kultur reift im

August, etwa zusammen mit den Zwiebeln, die späte wird erst im folgenden Frühling geerntet. Auch die Brutzwiebeln können gepflanzt werden; sie benötigen 2 Jahre bis zur Reife. Wichtig für eine erfolgreiche Kultur ist gutes, keimfähiges Saatgut. Verwenden Sie möglichst keine »Zufallszwiebeln« aus der Küche oder aus dem Urlaub im Süden. Kaufen Sie lieber Knoblauchzehen im Fachhandel oder bei Spezialfirmen (Bezugsquellen finden Sie im Anhang).

Ernte und Konservierung: Die Knoblauchzwiebeln sind reif, wenn das Laub gelb und dürr wird. Heben Sie sie vorsichtig mit der Grabgabel aus der Erde. Trocknen Sie den Knoblauch 1–2 Tage in der Sonne. Dann streifen Sie die Erde ab und flechten das Laub zu Zöpfen. An einem trockenen, kühlen Platz halten die Zwiebeln den ganzen Winter. Knoblauchzehen können Sie auch in Essig oder Öl einlegen.

Zwiebel

Allium cepa

Andere Namen: Zipolle, Zwiefel.
Herkunft: Wahrscheinlich war die Zwiebel ursprünglich in den innerasiatischen Steppenländern zu Hause. Seit Jahrtausenden ist sie aber bereits in Asien, im Orient und in den Mittelmeerländern bekannt und beliebt. Schon Karl der Große ließ sie in Germanien anpflanzen.
Botanischer Steckbrief: Die Zwiebel gehört zur Familie der Liliengewächse *(Liliaceae)*. Zwiebeln können rund, länglich oder platt geformt sein. Die trockenen, äußeren Schalen sind bräunlich, rot oder weiß gefärbt. Zwischen den schmalen, röhrenförmigen Blättern treibt ein langer Stiel, der am oberen Ende eine rundliche Blütenkugel trägt, die aus vielen grünweißen Einzelblüten besteht.
Kultur im Garten: Ebenso wie der Knoblauch ist die Zwiebel kein »Kraut«. Da sie aber zu den ältesten Heil- und Würzpflanzen der Erde gehört, darf sie hier nicht fehlen. Unter den verschiedenen Zwiebelarten werden Sie sicherlich auch eine für Ihren Kräutergarten finden. Ab März können Sie Saatzwiebeln mit 20 cm Reihenabstand säen. Im April werden Steckzwiebeln und die Schalotten gesetzt, die 15–20 cm Zwischenraum von einer Pflanze zur anderen benötigen. Sie werden nur so flach in die Erde gedrückt, daß der oberste Zwiebelzipfel noch herausschaut. Erst im August säen Sie die weißen Frühlingszwiebeln aus, die im folgenden Jahr reifen.
Alle Zwiebeln brauchen lockeren, humusreichen Boden und Sonne. Nässe und Stickstoffdüngung vertragen sie nicht. Seien Sie vorsichtig beim Hacken, denn Zwiebeln haben sehr flachwachsende Wurzeln. Besonders geeignet für den Kräutergarten ist auch die ausdauernde Winterheckezwiebel. Sie bildet keine Zwiebeln, aber reichlich grünes, schnittlauchähnliches Laub.
Ernte und Konservierung: Saatzwiebeln, Steckzwiebeln und Schalotten reifen im Spätsommer, wenn das Laub gelb wird und umfällt. Heben Sie die Zwiebeln mit der Grabgabel hoch, und lassen Sie sie in der Sonne trocknen. Dann werden sie gesäubert, zu Zöpfen geflochten oder in Holzkistchen ausgebreitet. Zwiebeln bewahren Sie am besten in einem trockenen, aber kühlen Raum auf. Frühlingszwiebeln werden frisch verbraucht. Kleine Zwiebeln können Sie in Essig einlegen.

Die Winterheckezwiebel liefert würzige Halme.

Kümmel

Carum carvi

Andere Namen: Wiesenkümmel, Brotkümmel, Köm, Kümmich.
Herkunft: Der Kümmel ist in ganz Europa ebenso heimisch wie in der Türkei, in Persien und in Nordafrika. Er wächst bei uns wild auf feuchten Wiesen. Kümmel zählt zu den ältesten bekannten Gewürzen.
Botanischer Steckbrief: Kümmel gehört in die Familie der Doldenblütler *(Umbelliferae)*. Im ersten Jahr treibt er aus einer langen Pfahlwurzel eine niedrige Blattrosette. Im zweiten Jahr wachsen daraus lange, gerillte Stengel, die sich mehrfach verzweigen. Die Blätter sind zart gefiedert. Von Mai bis Juni öffnen sich an den Zweigspitzen weiße bis rosa gefärbte Doldenblüten. Die Fruchtkörner fallen, wenn sie reif sind, in zwei sichelförmige Samen auseinander.
Kultur im Garten: Sie können den Kümmel, wie die meisten zweijährigen Gewürze, im Frühling (April) oder im Sommer (Juli bis August) aussäen. Er liebt, wie auf der heimatlichen Wiese, feuchten, aber lockeren Boden. Etwas Algenkalk bekommt den Pflanzen gut. Da der Kümmel ein Lichtkeimer ist, dürfen Sie die Saat nur dünn mit Erde zudecken. Die Reihen brauchen 30–35 cm Abstand. Das Gewürzkraut ist in unserem Klima heimisch und wächst ohne Schwierigkeiten. Es erreicht bis 1,20 m Höhe.
Ernte und Konservierung: Im Laufe des Sommers, wenn die Samen braun werden, schneiden Sie die Stiele ab, binden sie zu Sträußen und hängen den Kümmel zum Trocknen auf. Sie können einen Teil der Körner als Saatgut verwenden. Die übrige Kümmelernte wird gut verschlossen aufbewahrt und dient als Gewürz oder als Verdauungstee.

Die Blattrosette des Kümmels im ersten Jahr (oben); Blüten und Samenansätze im zweiten Jahr (unten).

Zweijährige Kräuter

Petersilie

Petroselinum crispum

Andere Namen: Peterle, Suppenkraut, Bittersilche.
Herkunft: Die Heimat der Petersilie liegt in den südöstlichen Mittelmeerländern. Das Kraut war schon in der Antike bekannt und beliebt. Karl der Große ließ es bereits in Germanien anbauen. Heute ist die Petersilie das am meisten verbreitete Küchenkraut.
Botanischer Steckbrief: Die Petersilie gehört zur Familie der Doldenblütler *(Umbelliferae)*. Sie treibt eine lange, fleischige Wurzel in den Boden und bildet im ersten Jahr buschige Blätter, die gefiedert oder »kraus« sind. Im zweiten Jahr entwickelt sich ein langer, kantiger Stengel, an dem sich von Juni bis Juli grünlich-gelbe Blüten in einer Dolde entfalten. Die Samen der Petersilie sind giftig!

Kultur im Garten: Das blattreiche Petersilienkraut liebt nahrhaften, durchlässigen Humus. Suchen Sie einen feuchten, halbschattigen Platz aus, und bereiten Sie die Erde rechtzeitig mit Kompost und einer Handvoll organischem Dünger vor. Mist oder andere frische tierische Dünger verträgt die Petersilie nicht! Säen Sie das Kraut ab März im Freiland aus. Von August bis September können Sie noch einmal für grünen Nachwuchs sorgen. Die Reihen benötigen 10–15 cm Abstand. Das Kraut wird 20–30 cm hoch. Petersilie keimt sehr langsam. Streuen Sie deshalb ein paar Radieschenkörner in die Saatreihen, die rasch wachsen und den Standort markieren; so können Sie Unkraut jäten, ohne die Samen aus Versehen auszukratzen. Bei warmem Wetter müssen Sie rechtzeitig gießen. Wählen Sie jedes Jahr einen anderen Platz für Ihre Petersilie, weil dieses Kraut mit sich

Krausblättrige Petersilie.

Glattblättrige Bauernpetersilie.

selbst unverträglich ist. Ohne Fruchtwechsel kümmert es! Über Winter decken Sie die grünen Blätter mit Kiefernreisig zu.
Im Handel können Sie zwischen krausblättriger Petersilie und glattblättrigen Sorten wählen. Das üppig krause Kraut wird gern zum Dekorieren benutzt, die einfache, glatte Bauernpetersilie schmeckt aber aromatischer. Außerdem gibt es noch die Wurzelpetersilie. Die Kultur gleicht der der Blattpetersilie; Sie müssen die jungen Pflanzen aber auf 10 cm Abstand in der Reihe auslichten. Nur so entwickeln sich kräftige Wurzeln.
Ernte und Konservierung: Von der Blattpetersilie pflücken Sie während des ganzen Jahres frische Blätter. Erst wenn die Pflanzen in Blüte schießen, werden sie bitter und unbrauchbar. Im Herbst können Sie auch einige Petersiliepflanzen eintopfen und auf die Fensterbank stellen. Einfrieren ist möglich, lohnt aber kaum, wenn Sie stets für frischen Nachschub im Freiland sorgen.
Die Wurzelpetersilie graben Sie im Spätherbst aus und schlagen sie dann entweder im geschlossenen Frühbeet oder im Keller in eine Sandkiste ein. Die Blätter werden vorher vorsichtig abgeschnitten. Das »Herz« muß aber erhalten bleiben, ähnlich wie bei Möhren oder Sellerie. So halten sich die Wurzeln über Winter und können nach Bedarf in die Küche geholt werden.

Löffelkraut

Cochlearia officinalis

Andere Namen: Löffelkresse, Skorbutkraut, Bitterkresse.
Herkunft: Das Löffelkraut ist an den Küsten Nordeuropas zu Hause. Es wächst dort wild an feuchten, salzigen Stellen. Das vitaminreiche Kraut wurde schon früh gegen Mangelerscheinungen, wie den gefürchteten Skorbut, benutzt. Es wurde von Seefahrern sehr geschätzt.
Botanischer Steckbrief: Das Löffelkraut gehört in die Familie der Kreuzblütler *(Cruciferae)*. Es treibt eine dünne, lange Hauptwurzel mit vielen Nebenwurzeln. An verzweigten, gefurchten Stengeln wachsen im unteren Bereich die typischen löffelförmigen Blätter. An den oberen Stengeln sind die Blätter eiförmig. Im zweiten Jahr schmückt sich das Löffelkraut von Mai bis Juni mit weißen Blüten, die in dichten Trauben zusammenstehen.

Kultur im Garten: Ähnlich wie am natürlichen Standort ist das Löffelkraut auch im Garten sehr anspruchslos. Es braucht feuchten Boden und gedeiht auch im Halbschatten. Säen Sie die Samen entweder im Frühling (März bis April) oder im Spätsommer (August bis September) im Freiland aus. Die Reihen brauchen 20 cm Abstand. Die Pflanzen werden 20–30 cm hoch. Denken Sie im Sommer daran, daß dieses saftreiche Kraut nicht trocken stehen möchte. Im Winter schützen Sie die grünen Blätter mit einer lockeren Decke aus Kiefernreisig. In dieser luftigen Höhle können Sie sie auch bei Schnee erreichen.
Ernte und Konservierung: Nur die löffelförmigen Blätter werden frisch gepflückt und gleich verwertet. Konservierung ist nicht nötig, da das Löffelkraut über Winter grün bleibt.

Winterkresse

Barbarea vulgaris

Andere Namen: Barbarakraut, Echtes Barbenkraut.
Herkunft: Die Winterkresse ist in Kontinentaleuropa zu Hause. Sie wächst wild an feuchten Gräben und Bachufern.
Botanischer Steckbrief: Die Winterkresse gehört in die Familie der Kreuzblütler *(Cruciferae)*. Aus einem verzweigten Wurzelstock wächst im ersten Jahr eine Rosette aus dicken, mehrfach gefiederten Blättern. Im zweiten Jahr treiben die Pflanzen einen 30–80 cm hohen Stengel, der sich stark verästelt. Die oberen Blätter sind gezähnt und umfassen den Stengel. Von April bis Juni blüht das Barbarakraut. Die leuchtend gelben Blumen bilden lockere Trauben.
Kultur im Garten: Wie viele heimische Kräuter ist auch die Winterkresse leicht zu ziehen. Säen Sie das Kraut im Frühling (März bis April) oder im Spätsommer (August bis September) im Freiland aus. Die Reihen benötigen 20–30 cm Abstand. Feuchte, möglichst etwas lehmhaltige Erde und ein halbschattiger Platz sind ideal. Auf leichten Böden verbessern Sie die Bedin-

gungen mit Tonmehl. Bei Trockenheit müssen Sie gießen. Besser wäre es, wenn Sie den Boden rund um die Winterkresse mit einer Mulchschicht zudecken, die den Humus feucht hält.

Ernte und Konservierung: Die großen Blätter der Rosette können während des ganzen Jahres frisch geerntet werden. Konservieren lohnt nicht.

Stiefmütterchen

Viola tricolor

Andere Namen: Ackerveilchen, Dreifaltigkeitsblume, Jesuli.

Herkunft: Das Stiefmütterchen ist in Europa, Nordasien, Nordafrika und Nordamerika zu Hause. Bei uns wächst es wild auf Wiesen und Äckern.

Botanischer Steckbrief: Das Stiefmütterchen gehört zur Familie der Veilchengewächse *(Violaceae)*. Aus einer dünnen Wurzel wachsen hohle, starkverzweigte Stiele mit teils länglichen, teils herzförmigen Blättern. Außerdem gibt es noch gefiederte Nebenblätter. Die typischen Stiefmütterchenblüten mit den freundlichen »Gesichtern« sind weiß-gelb, weiß-blau oder blau-violett gefärbt. Sie blühen von Mai bis August.

Kultur im Garten: Die reizenden wilden Stiefmütterchen bringen heitere Farbtupfer in den Kräutergarten. Sie gedeihen zweijährig, manchmal auch nur einjährig. Die kleinen Blumen lieben die Sonne, sind aber sonst sehr anspruchslos. Fast jeder Boden ist ihnen recht. Er sollte aber nicht zu trocken sein. Pflanzen finden Sie nur an ungespritzten Ackerrändern oder auf Naturwiesen. Im Frühling können Sie sie ausgraben und mit 10–15 cm Abstand auf ein Kräuterbeet setzen. Im Spätsommer ist es auch möglich, an wilden Stiefmütterchen Samen zu sammeln. Die Pflanzen säen sich, wenn sie einmal im Garten heimisch sind, leicht aus. Die großblumigen Gartenstiefmütterchen sind nicht heilkräftig.

Ernte und Konservierung: Während des Sommers wird das ganze blühende Kraut gepflückt und getrocknet.

Königskerze

Verbascum-Arten

Andere Namen: Wollblume, Fakkelkraut, Marienkerze.
Herkunft: Die Königskerze ist sowohl in Europa als auch in Kleinasien als Wildpflanze zu Hause. Sie wurde von den antiken Römern ebenso als Arzneipflanze geschätzt wie von den Heilkundigen des Mittelalters in Deutschland.
Botanischer Steckbrief: Königskerzen gehören zur Familie der Braunwurzgewächse *(Scrophulariaceae).* Im ersten Jahr bildet die Pflanze eine niedrige Rosette aus silbergrauen, behaarten, großen Blättern. Im zweiten Jahr wächst ein

starker, hoher Stengel. Er ist wollig behaart. Die oberen Blätter sind etwas kleiner, aber ebenfalls sehr kräftig. Der Stengel teilt sich oft kandelaberartig. Von Juli bis September sind die Stiele im oberen Bereich mit gelben Schalenblüten dicht besetzt.
Kultur im Garten: Königskerzen lieben an ihren natürlichen Standorten karge, steinige Plätze und volle Sonne. Für solche Bedingungen sollten Sie auch im Garten sorgen. Mischen Sie eventuell Sand und Steine unter die Erde. Wenn die Pflanzen sich später aussamen, suchen sie sich manchmal einen Platz zwischen Plattenfugen. Lassen Sie sie dort ruhig wachsen, wenn es möglich ist.
Den Samen der Königskerzen streuen Sie im Juni oder Juli auf ein kleines Saatbeet aus. Halten Sie die Erde vor allem in heißen Sommerwochen gleichmäßig feucht. Im Herbst pflanzen Sie die kleinen Königskerzen an ihren endgültigen Standort. Halten Sie dabei 30–40 cm Abstand ein. Die Pflanzen werden im nächsten Jahr mindestens 1,50–2 m hoch. Etwas Algenkalk bekommt ihnen gut.
Ernte und Konservierung: Sammeln Sie während des Sommers öfter frisch erblühte Blumen. Sie werden ohne Kelch gepflückt, vorsichtig zum Trocknen ausgebreitet und stets vor Feuchtigkeit geschützt. Frische Blüten können Sie auch in eine Fleischsuppe streuen.

Angelika

Angelica archangelica

Andere Namen: Engelwurz, Brustwurz, Heiligenwurzel.
Herkunft: Das Angelikakraut ist in Nordeuropa zu Hause, wo es bis nach Grönland und Sibirien wild wächst. Wahrscheinlich kam die Pflanze im 14. Jahrhundert nach Deutschland.
Botanischer Steckbrief: Die Engelwurz gehört zur Familie der Doldenblütler *(Umbelliferae)*. Ihre fleischigen Wurzeln reichen tief in die Erde. Die starken, hohen Stengel sind gerippt, die mächtigen Blätter verschiedenartig gefiedert. Ein Erkennungszeichen der Angelika: Die Blattstiele bilden dort, wo sie aus dem Stengel wachsen, bauchige Taschen. Von Juli bis August blüht die mächtige Staude. Die grünlichweißen Dolden duften nach Honig.
Kultur im Garten: Eine so stattliche Pflanze wie die Engelwurz, die leicht 2,50 m Höhe erreicht, braucht auch eine nahrhafte Grundlage. Setzen Sie dieses Kraut in humusreichen Boden, der mit Kompost und organischem Dünger versorgt wurde. Die Angelika liebt Feuchtigkeit und Halbschatten, verträgt aber keine Staunässe. Wenn Sie genügend Raum für mehrere Pflanzen haben, müssen Sie 1 m Abstand einhalten.
Eine Aussaat im frühen Herbst ist möglich, oft samen sich die Stauden aber von selbst aus. Fertige Pflanzen bekommen Sie in manchen Gärtnereien und bei Kräuter-Spezialfirmen. Die Angelika wird 2–3 Jahre alt; dann stirbt sie ab.
Ernte und Konservierung: Junge, noch zarte Blätter und Blattstiele werden frisch geerntet und gleich in der Küche verwendet. Die heilkräftigen Wurzeln werden im Frühling oder im Herbst ausgegraben und so getrocknet, wie es auf Seite 57 beschrieben ist.

Fenchel

Foeniculum vulgare

Andere Namen: Finkel, Süßer Fenchel, Kinderfenkel.
Herkunft: Die Heimat des Fenchels liegt in den Mittelmeerländern und in Kleinasien. Er gehört zu den uralten Körnergewürzen, die schon bei den alten Ägyptern, bei den

Griechen und bei den antiken Römern benutzt wurden. Karl der Große ließ das Teekraut bereits auf seinen Gütern anbauen.

Botanischer Steckbrief: Der Fenchel gehört in die Familie der Doldenblütler *(Umbelliferae)*. Seine lange Pfahlwurzel wächst tief in den Boden. An den hohen, gerillten Stengeln, die sich verzweigen, entwickeln sich sehr feingefiederte Blätter. Das Erscheinungsbild ähnelt sehr dem Dill. Von Juli bis September entfaltet der Fenchel große Dolden aus zahlreichen gelben Einzelblüten. Die Fenchelsamen sind wie kleine Halbmonde geformt.

Kultur im Garten: Der Tee- und Gewürzfenchel bildet mächtige Stauden, die bis 2 m hoch wachsen. Er braucht feuchten, nährstoffreichen Boden, der etwas Kalk enthalten sollte. Mit dem »Kopf« will das Kraut in der Sonne stehen, damit die Samen voll ausreifen. Bereiten

Sie den Platz des Fenchels im Kräutergarten mit reichlich Kompost und einem organischen Dünger gut vor. Streuen Sie auch etwas Algenkalk und Tonmehl aus. Der Boden muß sehr locker und durchlässig sein, damit die Wurzeln ungehindert in die Tiefe dringen können.

Sie können Teefenchel als fertige Pflanzen kaufen. Die Staudengärtner bieten auch eine hübsche Züchtung mit bronzefarbigem Laub an. Es ist aber auch möglich, im April oder Mai Samen im Freiland auf einem Extrabeet auszusäen. Die Reihen benötigen 20–25 cm Abstand. Über Winter schützen Sie den jungen Fenchel mit einer Kiefernreisig-Decke. Im folgenden Frühling können Sie dann die Pflanzen mit 40–50 cm Abstand an den endgültigen Standort versetzen.

Ernte und Konservierung: Im Spätsommer beginnen die Samen nach und nach zu reifen. Schneiden Sie regelmäßig die braunen Dolden heraus. Sie werden zu Sträußen gebunden und zum Trocknen aufgehängt. Zarte Fenchelblätter können Sie auch zum Würzen pflücken.

Liebstöckel

Levisticum officinale

Andere Namen: Maggikraut, Suppenlob, Schluckwehrohr.

Herkunft: Wahrscheinlich ist der Liebstöckel ursprünglich in Süd-

europa beheimatet. Mönche brachten das Kraut über die Alpen. Es wuchs schon früh in den Klostergärten des Mittelalters.
Botanischer Steckbrief: Der Liebstöckel gehört zur Familie der Doldenblütler *(Umbelliferae).* Aus einer verzweigten, sehr tiefreichenden Wurzel wachsen kräftige, hohle Stengel, die sich erst im oberen Bereich verzweigen. Die derben Blätter sind in rhombenförmige Fiederblätter unterteilt. Von Juli bis August erblühen große Dolden mit kleinen gelbgrünen Blüten.
Kultur im Garten: Das vitale »Maggi«-Kraut erreicht mühelos 2–3 m Höhe. Dafür braucht es aber nahrhaften, tiefgründigen Boden und Feuchtigkeit. Geben Sie dem Liebstöckel reichlich Kompost und etwas organischen Dünger. Im Sommer verträgt er einen Guß Brennessel-Jauche. Dieses Kraut wächst in der Sonne und im Halbschatten. Normalerweise reicht eine Pflanze für den Bedarf einer Familie. Bei mehreren Stauden müssen Sie mindestens 50 cm Abstand beim Pflanzen einhalten.
Liebstöckelsetzlinge bekommen Sie beim Gärtner. Sie können das Kraut auch im April oder im August aussäen. Wo die robusten Stauden einmal eingewachsen sind, da gedeihen sie jahrelang ohne Probleme.
Ernte und Konservierung: Junge, zarte Blätter zum Würzen können Sie jederzeit pflücken. Trocknen Sie sie vor der Blütezeit.

Bergbohnenkraut

Satureja montana

Andere Namen: Winterbohnenkraut, Winterbergminze.
Herkunft: Bergbohnenkraut ist in den Mittelmeerländern zu Hause.
Botanischer Steckbrief: Das mehrjährige Bohnenkraut gehört in die Familie der Lippenblütler *(Labiatae).* Der stark verästelte kleine Strauch wächst aus einem verzweigten Wurzelstock. An den holzigen Zweigen sitzen schmale, dunkelgrüne Blätter. An der Spitze öffnen sich im Sommer zierliche weißlich, rosa oder lila gefärbte Blüten.
Kultur im Garten: Setzen Sie die Pflanzen im Frühling an einen sonnigen Platz, der vor kalten Winden geschützt ist. In lockerer, sandiger

Erde mit etwas Kalk gedeiht das Kraut am besten. Es wird 25–50 cm hoch. Der Abstand sollte 30 × 30 cm betragen. Zu gut ernährtes Bohnenkraut erfriert leicht. Schützen Sie die Stauden in rauhen Gegenden im Winter durch eine Abdeckung aus Fichten- oder Kiefernzweigen. Vermehrung ist durch Teilung der Wurzelstöcke möglich. Pflanzen bekommen Sie in Staudengärtnereien.
Ernte und Konservierung: Frische Zweigspitzen oder Blätter können Sie jederzeit pflücken, sobald die Pflanzen groß genug sind. Kurz vor der Blüte wird das Kraut zum Trocknen geschnitten. Achten Sie aber darauf, daß die kleinen Sträucher noch genügend Kraft für einen neuen Austrieb behalten.

Lavendel

Lavandula angustifolia

Andere Namen: Lavengel, Schwindelkraut, Nervenkräutchen.
Herkunft: Die Heimat des Lavendels liegt in den südeuropäischen Mittelmeerländern. Das Kraut war schon in der Antike beliebt und wurde früh von Mönchen über die Alpen gebracht.
Botanischer Steckbrief: Der Lavendel gehört zur Familie der Lippenblütler *(Labiatae).* Er senkt eine tiefreichende Pfahlwurzel in den Boden. Oberirdisch bildet er verzweigte, kleine Halbsträucher. Charakteristisch sind die schmalen graugrünen Blätter und die duftenden blauen Blütenähren, die von Juli bis September erscheinen.

Kultur im Garten: Lavendel gedeiht sehr willig, wenn Sie ihm einen sonnigen, trockenen Platz mit gutem Wasserabzug geben. Ein wenig Kalk bekommt dem Kraut gut. Setzen Sie die Pflanzen im Mai mit 30 cm Abstand in den Garten. In jeder guten Staudengärtnerei, oft auch in Gartencentern bekommen Sie vorgezogene Lavendelpflanzen. Sie können das Kraut aber auch selber auf der Fensterbank oder im Gewächshaus aussäen. Von älteren Lavendelsträuchern lassen sich Stecklinge schneiden. Nach der Blüte werden die Pflanzen leicht eingekürzt. Nur in sehr harten Wintern braucht das Kraut eine schützende Decke aus Fichtenreisig.
Ernte und Konservierung: Junge Blätter zum Würzen können Sie jederzeit pflücken. Die Blüten schneiden Sie zum Trocknen, wenn sie sich gerade frisch geöffnet haben.

Melisse

Melissa officinalis

Andere Namen: Zitronenmelisse, Bienenkraut, Herztrost, Frauenkraut.
Herkunft: Das Heimatland der Melisse liegt im Vorderen Orient. In den Mittelmeerländern ist sie seit Jahrtausenden zu Hause; bei uns wuchs sie schon in den Klostergärten des Mittelalters.
Botanischer Steckbrief: Die Melisse gehört in die Familie der Lippenblütler *(Labiatae)*. Sie bildet

einen sehr verzweigten Wurzelstock mit Ausläufern. An den vierkantigen, verästelten Stengeln wachsen eiförmige, gezähnte Blätter. Von Juli bis August erscheinen in den Blattachseln kleine weiße oder malvenfarbige Blüten. Die buschigen Stauden erreichen 50–100 cm Höhe.
Kultur im Garten: In humusreicher, durchlässiger Erde gedeiht die Melisse am besten. Sie braucht volle Sonne. Geben Sie dem Kraut regelmäßig und reichlich Kompost, denn es kann viele Jahre am gleichen Platz stehenbleiben. Pflanzen bekommen Sie im Frühling in vielen Gärtnereien, Gartencentern und bei Spezialfirmen. Sie können die Melisse auch im Mai selber aussäen oder ab März im Warmen vorziehen. Setzen Sie die Stauden mit 30 cm Abstand auf das Kräuterbeet. Später können Sie Ihre Bestände leicht durch die Teilung großer Wurzelstöcke vermehren. Oft sät sich das Kraut auch selber aus.

Ernte und Konservierung: Frische, zitronenduftende Blätter können Sie jederzeit vom Frühling bis zum Herbst pflücken. Zum Trocknen schneiden Sie die oberen Zweige kurz vor der Blüte ab.

Monarda

Monarda didyma

Andere Namen: Indianernessel, Rote Melisse, Goldmelisse, Bienenbalsam.
Herkunft: Die Monarda ist in Nordamerika zu Hause. Nach Europa kam sie erst nach der Entdeckung der Neuen Welt.
Botanischer Steckbrief: Die Monarda gehört in die Familie der Lippenblütler *(Labiatae).* Sie bildet einen flachwachsenden, verzweigten Wurzelstock. An den kantigen Stengeln sitzen spitzeiförmige, gezähnte Blätter. Von Juni bis Oktober blüht die Indianernessel. Die leuchtend roten Lippenblüten bilden einen leicht struppigen Quirl.

Kultur im Garten: Die Indianernessel ist sehr anspruchslos. Die Pflanzen gedeihen zwar am besten in feuchter Erde an einem sonnigen Standort; sie nehmen aber auch mit trockenen Plätzen und Halbschatten vorlieb. Pflanzen Sie die Stauden, die 80–150 cm Höhe erreichen, 30–40 cm auseinander. Sie vermehren sich durch Wurzelausläufer, die Sie später abtrennen und versetzen können. Die Indianernessel ist mit ihren haltbaren, leuchtend roten Blüten und den duftenden Blättern eine Zierde des Kräuterbeetes.
Die echte Naturform der Monarda bekommen Sie nur als Pflanzen in sehr gut sortierten Staudengärtnereien und in Kräuter-Spezialgärtnereien. Die zahlreichen bunten Züchtungen der Indianernessel sind für den Kräutergarten wertlos.
Ernte und Konservierung: Frische, zarte Blätter können Sie nach Bedarf pflücken. Zum Trocknen ernten Sie einen Blättervorrat, bevor die Blüte beginnt.

Origano

Origanum vulgare

Andere Namen: Wilder Majoran, Dost, Wohlgemuth, Berghopfen.
Herkunft: Der Origano ist in Südeuropa und Asien zu Hause. Bereits im Mittelalter wuchs er auch in deutschen Kräutergärten.

Botanischer Steckbrief: Der Origano gehört in die Familie der Lippenblütler *(Labiatae)*. Aus einem flachwachsenden, weitverzweigten Wurzelstock treiben kantige, rötlichbraune Stengel. Die kleinen, eiförmigen Blätter sind fein behaart. Von Juni bis September blühen an den Zweigspitzen zahlreiche Scheinähren mit rosa oder weißen Blüten, die Bienen und Hummeln anlocken.
Kultur im Garten: Das Würzkraut aus dem Süden braucht einen sehr warmen, sonnigen Platz und leichten, durchlässigen Boden. Es wird 30–50 cm hoch. Pflanzen bekommen Sie in guten Staudengärtnereien, manchmal auch in Gartencentern. Später vermehren Sie Ihre Bestände leicht durch Wurzelausläufer. Sie können das Kraut auch selber aussäen und auf einer warmen Fensterbank vorkultivieren. Anfang Mai setzen Sie die Pflanzen mit 20–25 cm Abstand in den Garten. Ältere Origano-Stauden werden im Frühling zurückgeschnitten, indem Sie alle trockenen Triebe bis dicht über dem Boden einkürzen. In sehr kalten Landschaften braucht das Kraut etwas Winterschutz.
Ernte und Konservierung: Junge Blätter und Triebe können Sie jederzeit pflücken. Während der Blüte sind die Pflanzen besonders würzig. Schneiden Sie dann öfter Sträuße, die Sie zum Trocknen aufhängen.

Pfefferminze

Mentha × piperita

Andere Namen: Minze, Katzenbalsam, Flohkraut.
Herkunft: Wahrscheinlich ist die Pfefferminze ursprünglich im Mittelmeerraum und in Westasien zu Hause. Sie gedeiht aber auch schon sehr lange in Westeuropa wild.
Botanischer Steckbrief: Die Pfefferminze gehört zu den Lippenblütlern *(Labiatae)*. Sie wächst aus flachen Wurzeln, die sich durch weitreichende Ausläufer verbreiten. An den kantigen Stengeln sitzen länglich-eiförmige Blätter mit gezähnten Rändern. Von Juli bis August blühen an den Zweigspitzen Scheinähren mit lila oder rosa Blüten.
Kultur im Garten: Alle Minzen lieben feuchten, humusreichen Boden und lichten Halbschatten. Sie gedeihen aber auch an trockeneren und

Boden und bereiten keine Arbeit mehr. Sie werden 50–80 cm hoch. Vielleicht probieren Sie auch einmal so ausgefallene Duft-Variationen wie die »Gewürzminze«, die »Orangenminze« und die »Ananasminze« aus. Sehr robust wächst die wollblättrige »Apfelminze« (Bezugsquellen im Anhang).

Ernte und Konservierung: Frische Minzenblätter können Sie den ganzen Sommer pflücken. Zum Trocknen schneiden Sie das Kraut kurz vor der Blüte. In warmen Spätsommerwochen reift oft noch eine zweite Ernte nach.

sonnigen Standorten. Da dieses Kraut sehr stark wuchert, sollten Sie ihm einen besonderen Platz geben, wo es sich ungestört als Bodendecker ausbreiten darf. Anderenfalls müssen Sie es »einsperren«, zum Beispiel in einem Eimer ohne Boden.

Im Handel können Sie zwischen verschiedenen Minzenarten wählen. Die »Echte Mitcham-Minze«, die besonders aromatisch ist, kann nur durch Wurzelausläufer vermehrt werden. Setzen Sie die Ableger mit 20–30 cm Abstand in die feuchte, kompostreiche Erde. Unkraut muß vorher sorgfältig entfernt werden; es läßt sich später aus dem Wurzelgewirr der Minze nur schwer herausziehen. Wenn die Pflanzen erst einmal dicht zusammengewachsen sind, schattieren sie von selbst den

Rosmarin

Rosmarinus officinalis

Andere Namen: Meertau, Kranzenkraut, Brautkraut, Marienkraut.

Herkunft: Der Rosmarin ist in den Mittelmeerländern zu Hause. Alle Völker des Altertums schätzten das Kraut sehr. Karl der Große ließ es auch in Germanien anpflanzen.

Botanischer Steckbrief: Der Rosmarin gehört in die Familie der Lippenblütler *(Labiatae)*. Er bildet immergrüne, verzweigte Halbsträucher mit schmalen, nadelartigen Blättern. Von März bis Juli treiben aus den Blattachseln hellblaue bis lila gefärbte Blüten.

Kultur im Garten: Der Rosmarin ist in unseren Breiten nicht winterhart. Pflanzen Sie ihn in Töpfe mit einer sandigen Humusmischung.

Der Rosmarin entwickelt kräftige Zweige, nadelartige Blätter und hübsche Blüten.

Von April bis Ende August bekommen die Pflanzen einmal im Monat ein wenig Dünger ins Gießwasser. Ab Mitte Mai sollten Sie Ihren Rosmarin an einem sehr sonnigen, geschützten Platz im Garten eingraben. Er kann auch auf dem Balkon oder auf einer Südterrasse stehen. Pflanzen im Topf trocknen schnell aus, deshalb müssen Sie bei Hitze kräftig gießen. Den Winter muß das Kraut aus dem Süden im Haus verbringen (siehe Tips Seite 23).
Wenn Sie viel Geduld haben, können Sie Rosmarin aus Samen großziehen. Die Aussaat geschieht auf einer warmen Fensterbank oder im Gewächshaus (siehe Seite 32–34). Später können Sie Ihre Bestände auch durch Stecklinge vermehren.
Ernte und Konservierung: Einige Blätter und Zweigspitzen können Sie immer nach Bedarf ernten. Es ist auch sehr gut möglich, ganze Stengel zu trocknen. Da der Rosmarin aber bei uns wie eine Zierpflanze gehalten wird und lange braucht, bis er zu einem kleinen Strauch herangewachsen ist, werden ihn die meisten Kräutergärtner schonend behandeln. Schneiden Sie also nur dort, wo es der Rosmarin verkraften kann, ohne seine Schönheit einzubüßen.

Salbei

Salvia officinalis

Andere Namen: Königssalbei, Zahnblätter, Schmale Sophie, Fischsalve, Küchliblätter.
Herkunft: Der Salbei ist in den Mittelmeerländern zu Hause. Griechen und Römer benutzten ihn schon. Zur Zeit Karls des Großen

und in den Klostergärten des Mittelalters wurde das Kraut sehr geschätzt.

Botanischer Steckbrief: Der Salbei gehört in die Familie der Lippenblütler *(Labiatae).* Der kleine, verholzende Halbstrauch besitzt einen verzweigten Wurzelstock und vierkantige Stengel mit graugrünen, etwas filzigen Blättern. Die längliche Form läuft an der Basis manchmal in zwei Zipfel aus. Im Winter bleibt der Salbei grün. Von Juni bis August schmückt er sich mit leuchtend violettblauen Blüten.

Kultur im Garten: Der Salbeistrauch braucht einen sehr sonnigen Standort und lockeren, eher trockenen Boden. Geben Sie ihm außer Kompost auch etwas Algenkalk. Lehmige Erde muß unbedingt mit Sand aufgelockert werden. Salbei können Sie ab April ins Frühbeet und im Mai auch im Freiland aussäen. Später vermehren Sie Ihre Bestände durch Stecklinge und Absenker. Junge Pflanzen werden mit 30–40 cm Abstand ins Kräuterbeet gesetzt. Vorgezogene Stauden bekommen Sie beim Gärtner, in Gartencentern, in Staudengärtnereien und bei Kräuter-Spezialfirmen. Den Heil- und Gewürzsalbei gibt es auch in reizvollen Varietäten: So können Sie in gutsortierten Gärtnereien zum Beispiel buntblättrige Formen oder den rauhblättrigen Muskateller-Salbei kaufen. Der Ziersalbei eignet sich nicht für den Gewürzgarten.

Ernte und Konservierung: Frische Blätter können Sie stets nach Bedarf ernten. Zum Trocknen schneiden Sie kurz vor der Blüte die Triebspitzen ab. Bis zum Winter muß der Strauch aber neu austreiben, sonst erfriert er leicht.

Thymian

Thymus vulgaris

Andere Namen: Römischer Quendel, Demut, Feldkümmel, Immenkraut.

Herkunft: In den südeuropäischen Mittelmeerländern ist der Thymian ebenso zu Hause wie in Nord- und Westafrika. Die antiken Ägypter, Römer und Griechen schätzten das Kraut sehr. Mönche brachten es über die Alpen, wo der Thymian bereits in den mittelalterlichen Klostergärten wuchs.

Botanischer Steckbrief: Der Thymian gehört in die Familie der Lippenblütler *(Labiatae).* Aus einer holzigen Pfahlwurzel wächst ein verzweigtes Sträuchlein mit schmalen, festen Blättern. Das Kraut bleibt über Winter grün. Ältere Pflanzen verholzen. Von Mai bis September sind die kleinen Sträucher mit lila-rosa Blüten übersät, die in Scheinquirlen zusammenstehen.
Kultur im Garten: Trockene, durchlässige Erde und volle Sonne sind wichtig für gutes Gedeihen. Außer Kompost braucht der Thymian keine Zusatznahrung. Halten Sie ihn mager, dann bleibt er gesund. Junge Pflanzen bekommen Sie in Gärtnereien, Gartencentern und bei Spezial-Kräuterfirmen. Setzen Sie sie mit 20 × 20 cm Abstand in die Erde. Von älteren Thymianbüschen können Sie im Sommer Stecklinge schneiden. Das Kraut läßt sich auch aus Samen ziehen. Beim Kauf müssen Sie zwischen zwei Sorten unterscheiden: Der Französische oder Sommerthymian wächst niedrig und breitet sich rasch aus; er ist aber frostempfindlich. Der Deutsche oder Winterthymian gedeiht langsam, ist aber widerstandsfähiger. Versuchen Sie auch einmal den frischduftenden Zitronenthymian. Der Quendel *(Thymus serpyllum),* ein Feldthymian, der auch bei uns wild wächst, hat ebenfalls einen Platz im Kräutergarten verdient. Er wird genau wie der Gartenthymian kultiviert.

In rauhen Landschaften brauchen alle Thymian-Arten etwas Winterschutz. Im Frühling schneiden Sie die kleinen Sträucher vorsichtig zurück, so daß sie frisch austreiben.
Ernte und Konservierung: Frische Zweige können Sie jederzeit ernten. Zum Trocknen schneiden Sie einen Teil des Krautes kurz vor der Blüte.

Ysop

Hyssopus officinalis

Andere Namen: Kirchenseppl, Klosterysop, Bienenkraut.
Herkunft: Die Heimat des Ysop liegt in Südeuropa und Vorderasien. Mönche brachten das Kraut über die Alpen. In unseren Klostergärten wurde es bereits im Mittelalter sehr geschätzt.
Botanischer Steckbrief: Der Ysop gehört zur Familie der Lippen-

blütler *(Labiatae).* Aus einem verzweigten Wurzelstock wachsen niedrige Halbsträucher mit holzigen, vierkantigen Stengeln. Die dunkelgrünen Blätter sind sehr schmal. Von Juli bis September öffnen sich in den Blattachseln zahlreiche Blüten, die blau, rosa oder weiß gefärbt

sein können. Zusammen bilden sie an einem Stengel sehr anmutige Rispen, die Farbe in den Kräutergarten bringen.

Kultur im Garten: Wie die meisten Kräuter aus dem Süden, liebt auch der Ysop lockeren, etwas trockenen Boden und volle Sonne. Geben Sie ihm ein wenig Algenkalk und ein paar Handvoll Kompost. Im übrigen sind die Stauden, die 30–50 cm hoch wachsen, sehr anspruchslos. Vorgezogene Pflanzen bekommen Sie in vielen Gärtnereien. Sie finden den Ysop auch oft unter den Zierstauden. Auf einer warmen Fensterbank oder im Gewächshaus können Sie das Kraut selber aussäen (siehe Seite 32–34). Junge Pflanzen werden mit 25–30 cm Abstand auf ein Beet gesetzt. Später ist auch die Stecklingsvermehrung möglich. Nur in sehr rauhen Lagen braucht der Ysop etwas Winterschutz. Im Frühling müssen die Stauden zurückgeschnitten werden.

Ernte und Konservierung: Junge Blätter und Triebspitzen können Sie laufend frisch pflücken. Zum Trocknen wird das Kraut kurz vor der Blüte geschnitten.

Alant

Inula helenium

Andere Namen: Helenenkraut, Brustalant, Odinskopf.

Herkunft: Wahrscheinlich liegt die Heimat des Alant in Zentralasien. Das Kraut war aber schon früh in Südeuropa heimisch. Bereits im Mittelalter benutzte man es auch in Mitteleuropa.

Botanischer Steckbrief: Der Alant gehört in die Familie der Korbblütler *(Compositae).* Aus einem kräftigen, tiefreichenden Wurzelstock treiben starke Stengel, die 1,50–2,50 m hoch werden. Charakteristisch sind die großen, elliptischen Blätter, die filzig behaart und graugrün gefärbt sind. Von Juni bis September öffnet der Alant seine gelben Blütenkörbchen.

Kultur im Garten: Alant-Pflanzen bekommen Sie in guten Stauden-

gärtnereien. Im Frühling oder Herbst setzen Sie sie an einen Platz mit feuchter, lehmhaltiger Erde. Die Pflanzen gedeihen in der Sonne und im lichten Schatten. Da sie sehr hoch und breit wachsen, pflanzen Sie sie mit 50 cm Abstand. Die prächtigen Stauden eignen sich auch als Zierpflanzen. Durch Wurzelteilung können Sie junge Pflanzen vermehren.

Ernte und Konservierung: Von älteren Pflanzen können Sie im Herbst Teile des Wurzelstocks ausgraben und trocknen (s. Seite 57).

Balsamkraut

Tanacetum balsamita

Andere Namen: Marienblatt, Frauenminze, Schmeckblatt.

Herkunft: Das Balsamkraut stammt aus dem Orient. Es gehört zu den alten Pflanzen unserer Bauerngärten.

Botanischer Steckbrief: Das Balsamkraut zählt zur Familie der Korbblütler *(Compositae)*. Der Wurzelstock ist weitverzweigt und bildet Ausläufer. Die Blätter sind länglich-eiförmig und am Rand gezähnt. Sie duften aromatisch und haben eine sanftgrüne Farbe. An langen Stielen öffnen sich im Spätsommer kleine gelbe Blütenköpfchen.

Kultur im Garten: Jungpflanzen bekommen Sie in gut sortierten Staudengärtnereien. Später können Sie das Balsamkraut leicht durch abgetrennte Wurzelausläufer vermehren. Setzen Sie diese an einen sehr sonnigen Platz in möglichst trockenen, durchlässigen Boden. Mischen Sie notfalls Sand unter die Erde. Die Pflanzen breiten sich durch Wurzelausläufer stark aus. Setzen Sie sie deshalb 40–50 cm

auseinander. Die blühende Staude erreicht 60–80 cm Höhe; die Blätter wachsen nur halb so hoch.

Ernte und Konservierung: Zarte, grüne Blätter können vom Frühling bis zum Herbst frisch gepflückt werden. Vor der Blüte schneiden Sie die Blätter zum Trocknen.

Beifuß

Artemisia vulgaris

Andere Namen: Gänsekraut, Wilder Wermut, Frauenkraut.

Herkunft: Der Beifuß ist in ganz Europa zu Hause. Er wächst wild an Wegrändern und auf steinigen Hängen. Auch in Asien und Nordamerika ist dieses Kraut verbreitet.

Botanischer Steckbrief: Der Beifuß gehört in die Familie der Korbblütler *(Compositae)*. Aus verzweigten Wurzeln wächst eine kräftige, stark verästelte, buschige Pflanze. Die verschiedenartig gefiederten Blätter sind auf der Oberseite grün, auf der Unterseite weißgrau gefärbt. Im August erscheinen an langen Rispen die gelblichen, kleinen Blütenköpfchen.

Kultur im Garten: Diese Staude ist als anspruchsloses Un-Kraut immer noch weitverbreitet. Oft finden Sie es an Baustellen, wo Sie sich ein paar Pflanzen mitnehmen können. Sie bekommen den Beifuß auch in Spezial-Kräutergärtnereien. Setzen Sie das Kraut an einen sehr sonnigen Platz in möglichst magere Erde. Etwas Kalk bekommt ihm gut. Im übrigen ist der Beifuß vollkommen anspruchslos. Er wird 1–1,50 m hoch.

Ernte und Konservierung: Solange die Blütenknospen noch geschlossen sind, schneiden Sie die oberen Zweige ab und hängen sie zum Trocknen auf. Die Blätter werden später getrennt aufbewahrt und als Tee benutzt. Die getrockneten Blüten können Sie als Küchengewürz verwenden.

Eberraute

Artemisia abrotanum

Andere Namen: Stabwurzel, Zitronenkraut, Garthagen.

Herkunft: Die Eberraute ist in Südeuropa und Vorderasien zu Hause. Mönche brachten sie im 9. oder 10. Jahrhundert über die Alpen.
Botanischer Steckbrief: Die Eberraute gehört zur Familie der Korbblütler *(Compositae)*. Zu ihren nächsten Verwandten zählen Estragon, Wermut und Beifuß. Aus einem verzweigten Wurzelstock wächst ein stark verästelter, kleiner Strauch mit zart gefiederten Blättern. Von Juli bis Oktober öffnen sich an den Zweigspitzen blaßgelbe, kugelige Blütenköpfchen.
Kultur im Garten: Pflanzen Sie die Eberraute im Frühling an einen sonnigen Platz mit lockerer Erde. Etwas Kalk bekommt ihr gut. Zuviel Nahrung und Wasser schaden den Pflanzen. Setzen Sie die kleinen Sträucher, die knapp 1 m hoch werden, mit 40×40 cm Abstand.
Durch Stecklinge können Sie die Eberraute selber vermehren. Die ersten Pflanzen bekommen Sie nur in gutsortierten Staudengärtnereien oder in Kräuter-Spezialgärtnereien. In kalten Wintern braucht die Eberraute eine schützende Abdeckung. Es lohnt sich, dieses im Mittelalter sehr beliebte, heute seltene Duftkraut wieder im Garten anzusiedeln.

Ernte und Konservierung: Frische Zweigspitzen können Sie vom Frühling bis zum Herbst pflücken. Vor der Blüte schneiden Sie das Kraut zum Trocknen. Gehen Sie mit den zarten Sträuchern aber vorsichtig um, damit sie auch eine Zierde Ihres Kräutergartens bleiben.

Estragon

Artemisia dracunculus

Andere Namen: Schlangenkraut, Kleiner Drache, Kaiserkraut.
Herkunft: Der Estragon ist in Süd- und Mittelasien, in der Mongolei, in Sibirien und in Nordamerika zu Hause. Die Kreuzfahrer brachten ihn in die Mittelmeerländer. Von dort gelangte er auch über die Alpen.
Botanischer Steckbrief: Der Estragon gehört in die Familie der Korbblütler *(Compositae)*. Die Pflanzen bilden verzweigte Wurzeln mit weitreichenden Ausläufern. An den verästelten Stengeln wachsen schmale, längliche Blätter. Die grüngelben Blütenköpfchen erscheinen ab Juli.
Kultur im Garten: Kräutergärtner müssen zwischen zwei Estragon-

Sorten unterscheiden: der Russische Estragon kann aus Samen ausgesät werden. Er ist widerstandsfähig, aber nicht besonders aromatisch. Der Französische Estragon (auch Deutscher Estragon) wird nur aus Wurzelausläufern vermehrt. Er ist etwas empfindlicher, besitzt aber ein unvergleichlich würziges Aroma.
Estragon liebt einen humusreichen, feuchten Boden. Er gedeiht in der Sonne und im Halbschatten. Geben Sie ihm viel Kompost, etwas Tonmehl und ein wenig organischen Dünger.
Der Russische Estragon wird im April im Freiland ausgesät und später mit 40 × 40 cm Abstand verpflanzt. Ableger des Französischen Estragons setzen Sie im Frühling oder im Herbst mit 30 × 40 cm Zwischenraum. Das Kraut wird 60–150 cm hoch. Später können Sie Ihre Bestände leicht durch Wurzelausläufer oder Stecklinge selber vermehren. In heißen Sommerwochen müssen Sie den Estragon durchdringend gießen. In harten Wintern braucht er eine schützende Decke aus Fichtenreisig.
Ernte und Konservierung: Frische Zweigspitzen und Blätter können Sie vom Frühling bis zum Frost ernten. Bevor er blüht, wird der Estragon zum Trocknen geschnitten. Er verliert aber einen Teil seiner Würzkraft. Empfehlenswert ist das Konservieren in Essig (siehe Rezept Seite 58–59).

Rainfarn

Tanacetum vulgare

Andere Namen: Wurmkraut, Rehfarn, Wurmtod.
Herkunft: Der Rainfarn ist in Europa und Nordasien zu Hause.

Er wächst an sonnigen Wegrändern und auf Ödland oft noch in großen Mengen wild.

Botanischer Steckbrief: Der Rainfarn gehört zu den Korbblütlern *(Compositae).* Aus einem verzweigten Wurzelstock, der viele Ausläufer treibt, wachsen hohe Stengel mit doppelt gefiederten Blättern. Von Juni bis September ist das Kraut mit lockeren Dolden geschmückt, die sich aus gelben, festen Blütenköpfchen zusammensetzen.

Kultur im Garten: Am besten graben Sie sich eine Pflanze am Wegrand aus. Sie bekommen den Rainfarn aber auch in Kräuter-Spezialgärtnereien. Das Kraut ist sehr anspruchslos. Auf trockenem, durchlässigem Boden und in voller Sonne gedeiht es am besten. Die Stauden werden 50–150 cm hoch. Für Nachwuchs sorgt der Rainfarn durch zahlreiche Ausläufer selber. Besondere Pflege ist nicht erforderlich. Die dekorativen Blätter und die leuchtenden Blüten sind Schmuckstücke im Kräutergarten.

Ernte und Konservierung: Während des Sommers können Sie das ganze blühende Kraut abschneiden und trocknen.

Schafgarbe

Achillea millefolium

Andere Namen: Bauchwehkraut, Blutstillkraut, Herrgottrückenkraut.

Herkunft: Die Schafgarbe ist in

ganz Europa zu Hause. Sie wächst noch heute auf Wiesen und an Wegrändern wild.

Botanischer Steckbrief: Die Schafgarbe gehört zur Familie der Korbblütler *(Compositae).* Sie treibt aus ihrem kriechenden Wurzelstock immer wieder neu aus. Im Frühling erscheint zuerst eine Rosette mit krausen Blättern, dann treiben hohe, feste Stengel mit gefiederten schmalen Blättern. Von Juni bis zum Herbst erscheinen an den Spitzen des Triebes Blütenstände in flachen Scheindolden. Sie sind weiß bis rosa gefärbt.

Kultur im Garten: Pflanzen Sie die Schafgarbe an eine sonnige Stelle mit 30–50 cm Abstand. Sie ist sehr anspruchslos und wächst in jedem Boden; nur Staunässe verträgt sie nicht. Das Kraut wird 40–60 cm hoch. Sie können die Staude durch Wurzelteilung selber vermehren. Die ersten Pflanzen bringen Sie sich am besten von einem Spaziergang mit. Sie finden die wilde Schafgarbe oft noch auf Wiesen oder an ungespritzten Wegrändern. Wo dies nicht möglich ist, da können Sie das Heilkraut in Spezialgärtnereien bestellen (Bezugsquellen im Anhang). Die gelben und roten Zierformen der Schafgarbe sind im Kräutergarten wertlos.

Ernte und Konservierung: Die zarten Blätter des Frühjahrsaustriebs werden frisch geerntet für Salate. Von Juni bis September können Sie das ganze blühende Kraut schneiden und trocknen.

Wermut

Artemisia absinthium

Andere Namen: Wurmkraut, Hilligbitter, Magenkraut.

Herkunft: Der Wermut ist in Europa und Asien zu Hause. Er wächst auf steinigen, trockenen Böden.

Botanischer Steckbrief: Der Wermut gehört zu den Korbblütlern *(Compositae)*. Aus einem starken Wurzelstock wächst ein verzweigter, kleiner Strauch mit gefiederten, silbergrauen Blättern. Von Juli bis September erscheinen lockere Rispen mit rundlichen, gelben Blüten.

Kultur im Garten: Wie an seinen natürlichen Standorten gedeiht der Wermut auch im Kräutergarten am besten auf magerem Boden in der vollen Sonne. Mischen Sie im Notfall Sand und Steine unter die Erde. Auch etwas Kalk bekommt den Pflanzen gut.

Falls Sie mehrere Stauden brauchen, setzen Sie sie mit 40–50 cm Abstand. Die Vermehrung ist durch Stecklinge, Teilung oder Aussaat möglich. Vorgezogene Pflanzen bekommen Sie in vielen Gärtnereien und Gartencentern. Der Wermut wächst 60–150 cm hoch und bildet stattliche, dekorative Büsche, die kaum Pflege brauchen. Gutsortierte Staudengärtnereien bieten auch kleinwüchsige Wermut-Arten an, die aber nicht zu den Heilpflanzen gehören.

Ernte und Konservierung: Einzelne Blätter zum Würzen können Sie jederzeit frisch pflücken. Zum Trocknen wird das Kraut vor der Blüte geschnitten. Nach alten Rezepten kann Wermut auch in Wein angesetzt werden.

Meerrettich

Armoracia rusticana

Andere Namen: Kren, Bauernsenf, Rachenputzer, Pfefferwurzel.
Herkunft: Der Meerrettich ist in Südosteuropa zu Hause. Schon seit dem 12. Jahrhundert wächst er auch in deutschen Gärten.
Botanischer Steckbrief: Der Meerrettich gehört in die Familie der Kreuzblütler *(Cruciferae)*. Er bildet starke, lange Wurzeln. Die dünnen Seitenwurzeln können abgetrennt und zur Vermehrung benutzt werden. Man nennt sie Fechser. Die derben, langen Blätter des Krautes sind an den Rändern gekerbt. An einem hohen Stiel blüht eine Traube weißer Blüten.
Kultur im Garten: Der Meerrettich ist ein vitales Kraut, das viel Platz braucht. Wo sie einmal eingewachsen sind, da kann man die Wurzeln kaum noch ausrotten; sie treiben aus kleinsten Stücken wieder aus. Für kleine Kräutergärten ist das Kraut nicht zu empfehlen. Pflanzen Sie es lieber in eine Gartenecke am Kompost oder in die Nähe einer Hecke.
Meerrettich liebt nahrhaften Humus und feuchte Erde. Kompost, organischer Dünger und eine Mulchschicht sorgen für gutes Wachstum. Fechser bekommen Sie in gutsortierten Samenfachgeschäften, bei manchen Versandfirmen und mit etwas Glück auch beim Gärtner oder beim Nachbarn. Legen Sie ab März

Meerrettich-Fechser für die Pflanzung.

die Wurzelstücke schräg in den Boden mit 30–50 cm Abstand. 2 bis 3 Meerrettichpflanzen decken den Bedarf einer Familie reichlich; die Stauden wachsen etwa 1 m hoch und sehr breitbuschig.
Ernte und Konservierung: Frische Wurzelstücke können Sie nach Bedarf abtrennen, sobald die Pflanzen stark genug sind. Im Herbst graben Sie einige große Wurzeln als Wintervorrat aus. Sie werden im Keller oder im Frühbeet in feuchten Sand eingeschlagen.

Ernte dicker Meerrettichwurzeln.

Brennessel

Urtica dioica und *Urtica urens*

Andere Namen: Donnerwurzel, Hanfnessel, Haarnessel.
Herkunft: Die Brennesseln sind in Europa heimisch und weitverbreitet. Sie wachsen auf Ödland und in der Nähe von Häusern und Gärten.
Botanischer Steckbrief: Brennnesseln gehören zur Familie der Brennesselgewächse *(Urticaceae);* sie bilden einen weitverzweigten Wurzelstock mit langen Ausläufern. Die aufrechten, vierkantigen Stengel sind ebenso wie die länglich-herzförmigen Blätter mit Brennhaaren besetzt, die das Nesselgift enthalten. In den Blattachseln erscheinen von Mai bis Juli Rispen mit kleinen grünlichen Blüten. Große und Kleine Brennessel unterscheiden sich nur durch die Größe; die Inhaltsstoffe sind fast gleich.

Kultur im Garten: Die meisten Gärtner betrachten die Brennessel nur als lästiges Unkraut. Ihre guten Eigenschaften als Heilpflanze und als kostenloser Düngerlieferant für den naturgemäßen Garten machen sie aber so wertvoll, daß sie einen Platz in unserer Nähe verdient. Pflanzen Sie die Brennesseln aber nicht in den Kräutergarten; sie wuchern dort zu stark. Am Kompost, unter Obstbäumen oder in einer versteckten Ecke am Zaun dürfen aber ein paar kontrollierte Pflanzen wachsen. Die Nesseln lieben humosen, stickstoffreichen Boden. Neuerdings können Sie sogar Brennesselsamen kaufen. Dieses Hilfsmittel braucht man aber nur dort, wo durch radikale Maßnahmen jedes Unkraut ausgerottet wurde.
Ernte und Konservierung: Der zarte Frühlingsaustrieb wird frisch als Gewürz oder Gemüse verwendet. Von Mai bis August, bevor die Brennesseln Samen ansetzen, schneiden Sie das Kraut zum Trocknen. Wenn Sie früh ernten, wachsen noch mehrmals neue Triebe nach.

Tripmadam

Sedum reflexum

Andere Namen: Bauernpfeffer, Fetthenne, Steinkraut.
Herkunft: Tripmadam ist in Mitteleuropa heimisch. Sie wächst wild auf sandigen Böden an sonnigen Standorten.

Botanischer Steckbrief: Tripmadam gehört in die Familie der Dickblattgewächse *(Crassulaceae).* Ihre Wurzeln wachsen rasenartig und flach. Die Sprossen mit den fleischigen, spitzen Blättchen sind grün oder bläulich-grün gefärbt. An hohen Stielen blühen von Juni bis August Dolden gelber Sternblüten.
Kultur im Garten: Auf mageren, durchlässigen Böden in der vollen Sonne gedeiht die Tripmadam am besten. Der Steingarten oder trokkene Südhänge sind gute Standorte. Pflanzen bekommen Sie in Staudengärtnereien und bei Kräuter-Spezialfirmen. Setzen Sie sie mit 10–15 cm Abstand flach in die Erde. Die Tripmadam bildet mit der Zeit eine dichte Bodendecke. Die Vermehrung ist sehr einfach: Jedes Pflanzenstück, das Sie abreißen, kann neu in die Erde gelegt werden. Es schlägt dort bald Wurzeln.
Ernte und Konservierung: Frische grüne Triebspitzen können Sie nach Bedarf pflücken. Die Pflanzen bleiben über Winter grün.

Pimpinelle

Sanguisorba minor

Andere Namen: Kleiner Wiesenknopf, Pimpernell, Grummetkopf.
Herkunft: Die ursprüngliche Heimat der Pimpinelle liegt wahrscheinlich im Mittelmeerraum. Das Kraut wächst aber schon sehr lange in Mitteleuropa wild an trockenen Wiesen- und Wegrändern.
Botanischer Steckbrief: Die Pimpinelle gehört zu den Rosengewächsen *(Rosaceae).* Sie bildet verzweigte Wurzeln, aus denen ein dichter Schopf zierlich gefiederter Blätter wächst. Von Mai bis Juni öffnen sich an langen Stielen kugelige, rötlichgrüne Blüten.
Kultur im Garten: Lockerer, etwas kalkhaltiger Humus und volle Sonne bieten der Pimpinelle ideale Lebensbedingungen. Trockenheit verträgt das Kraut eher als zu große Feuchtigkeit. Ab April säen Sie die Pimpinelle direkt ins Freiland. Die

Reihen brauchen 30 cm Abstand. Später lichten Sie so weit aus, daß alle 20 cm eine Pflanze stehenbleibt. Die Pimpinelle kümmert meist beim Verpflanzen, weil ihre langen Wurzeln nur mühsam wieder Fuß fassen. Probieren können Sie es trotzdem. Wenn Sie die Blüten rechtzeitig herausschneiden und in die Vase stellen, bleiben die Blätter länger zart.

Ernte und Konservierung: Pflücken Sie frische Blätter, solange der Vorrat reicht. Konservieren lohnt nicht. In milden Wintern bleibt die Pimpinelle aber lange grün.

Weinraute

Ruta graveolens

Andere Namen: Kreuzraute, Hofraute, Edelraute.

Herkunft: In den südeuropäischen Mittelmeerländern und im Mittleren Osten liegt die Heimat der Weinraute. In der Antike kannte und benutzte man das Kraut bereits. Karl der Große ließ die Raute auf seinen Gütern anpflanzen.

Botanischer Steckbrief: Die Weinraute gehört in die Familie der Rautengewächse *(Rutaceae).* Aus einem starken, holzigen Wurzelstock wächst eine verzweigte Staude mit glatten Stengeln. Die hübsch gefiederten Blätter sind blaugrün gefärbt. Von Juni bis Juli öffnen sich an den Zweigspitzen kleine gelbe Schalenblüten mit 4 Blütenblättern; nur die mittlere Blüte innerhalb einer Scheindolde besitzt 5 Blütenblätter.

Kultur im Garten: Die Weinraute braucht unbedingt einen Standort mit gutem Wasserabfluß. In lockerer, sandiger Erde und voller Sonne gedeiht sie gut. Geben Sie ihr ab und zu etwas Kalk. Im April können Sie das Kraut im Freiland aussäen. Sie bekommen aber auch vorgezogene Pflanzen in guten Gärtnereien und bei Kräuter-Spezialfirmen. Setzen Sie die kleinen Rauten mit 30–40 cm Abstand in die Erde. Sobald sie eingewurzelt sind, brauchen sie kaum noch Pflege. Nur in rauhen Landschaften ist ein Winterschutz aus Fichtenreisig erforderlich. Aus älteren Pflanzen können Sie Stecklinge schneiden, um die dekorativen Stauden zu vermehren.

Ernte und Konservierung: Einzelne Blättchen können Sie jederzeit pflücken. Die Raute bleibt auch über Winter weitgehend grün.

Duftblatt-Pelargonie

Pelargonium-Arten

Andere Namen: Duftblatt-Geranie
Herkunft: Die Duftblatt-Pelargonien sind in Südafrika zu Hause. 1690 kamen die ersten Exemplare nach Europa.
Botanischer Steckbrief: Die Pelargonien gehören zur Familie der Storchschnabelgewächse *(Geraniaceae).* Sie bilden krautige Büsche mit behaarten Stengeln und gelappten oder gefiederten Blättern, die ebenfalls mit Haaren bedeckt sind. Während des ganzen Sommers blühen an langen Stielen Dolden mit relativ unscheinbaren Blüten, die rosa, lavendelfarben oder auch rot sind.
Kultur im Garten: In unserem Klima sind die Duftblatt-Pelargonien, ähnlich wie der Rosmarin, nicht winterhart. Sie werden in großen Töpfen gehalten und können den ganzen Sommer im Freien verbringen. Füllen Sie die Pflanzgefäße mit einer lockeren Mischung aus reifem Kompost, Sand und Rindenhumus. Vom Frühling bis zum Sommer brauchen die Pelargonien reichlich Wasser und volle Sonne. Geben Sie in der Wachstumszeit ein- bis zweimal im Monat etwas Dünger oder Brennessel-Jauche ins Gießwasser.
Vor dem ersten Frost holen Sie die Pflanzen ins Haus und überwintern sie auf einer kühlen, hellen Fensterbank. Sie brauchen in dieser Zeit nur wenig Wasser. Ab März wird,

Duftblatt-Pelargonien, die malerisch durcheinanderwachsen; weiß-bunte Blätter: Rosenpelargonie, große grüne Blätter: Pfefferminzpelargonie, dazwischen Zitronenpelargonie.

wenn nötig, umgetopft; dann kürzen Sie die Pflanzen auch ein wenig ein. Von den abgeschnittenen Spitzen können Sie Stecklinge ziehen. In sandiger Erde wachsen sie sehr leicht an. Ältere Duftblatt-Pelargonien können 30–100 cm hoch werden. Bezugsquellen für Duftblatt-Pelargonien finden Sie im Anhang. Bis vor ein paar Jahren bekam man diese wohlriechenden Schätze nur von privaten Liebhabern, die Stecklinge verschenkten. Heute ist das Angebot einiger Spezialgärtnereien bereits verführerisch groß.
Die Blätter der Zitronenpelargonie *(P. × citrosmum)* duften frisch nach Zitronen. Die Rosenpelargonie *(P. graveolens)* verbreitet würzigen

Rosengeruch. Die Pfefferminzpelargonie *(P. tomentosum)* riecht wirklich intensiv wie ein Pfefferminzbonbon; sie hat wunderschöne samtige Blätter. Außerdem gibt es noch die Duftnoten Apfel und Aprikose, Muskat, Kiefernharz und andere ungeahnte Wohlgerüche.

Ernte und Konservierung: Einzelne Blätter können Sie während des ganzen Jahres abpflücken und zum Würzen verwenden.

Malve

Malva sylvestris

Andere Namen: Käsepappel, Schwellkraut, Roßpappel.

Herkunft: Die Malve ist in Europa und in Mittelasien heimisch. Sie wird seit alten Zeiten als Heilpflanze benutzt.

Botanischer Steckbrief: Die Malve gehört zur Familie der Malvengewächse *(Malvaceae).* Sie senkt eine lange Pfahlwurzel in den Boden und treibt verzweigte, haarige Stengel. Ihre Blätter sind handförmig gelappt. Die rosa- oder lilafarbenen Schalenblüten entwickeln sich – typisch für alle Malven – in den Blattachseln.

Kultur im Garten: In der Landschaft finden Sie die wilde Malve an sonnigen, eher mageren Feldrändern. Geben Sie den Pflanzen auch im Garten einen ähnlichen Platz. Das hübsche Heilkraut ist sonst sehr anspruchslos. Es kann, je nach Art, 40–120 cm hoch wachsen. Setzen Sie es mit 30–40 cm Abstand. Pflanzen der wilden Malve bekommen Sie nur in Spezial-Kräutergärtnereien. Außer der Käsepappel gibt es noch eine ganze Reihe hübsche Verwandte: zum Beispiel die Kleine Malve *(Malva neglecta),* die Moschus-Malve *(Malva moschata)* und die Rosenmalve *(Malva alcea).* Alle enthalten heilsame Wirkstoffe, vor allem Schleimstoffe, die den Husten lindern.

Eine bildschöne Erscheinung im Kräutergarten ist auch die verwandte Stockrose oder Bauerneibisch *(Alcea rosea)* mit schwarzroten Malvenblüten. Die verschiedenen Malvenarten wachsen teils zweijährig, teils mehrjährig.

Ernte und Konservierung: Das ganze blühende Malvenkraut wird zu Sträußen gebunden und zum Trocknen aufgehängt. Von den Stockrosen erntet man die Blüten.

Johanniskraut

Hypericum perforatum

Andere Namen: Tausendlochkraut, Blutkraut, Teufelsflucht, Tüpfel-Hartheu.
Herkunft: Johanniskraut ist in Europa und Asien zu Hause. Es zählt zu den uralten Heilpflanzen.
Botanischer Steckbrief: Das Johanniskraut gehört zur Familie der Johanniskrautgewächse *(Guttiferae).* Aus verzweigten Wurzeln, die Ausläufer treiben, wächst ein kantiger Stengel mit länglichen, spitz auslaufenden Blättern. An den Enden der Zweige blühen von Juni bis August lockere Dolden mit gelben Schalenblüten.

In Deutschland wachsen verschiedene Arten des Johanniskrautes, die sich auf den ersten Blick zum Teil sehr ähnlich sehen. Als Heilpflanze ist aber nur das »durchbohrte« Echte Johanniskraut wirksam. Dies sind die wichtigsten Erkennungsmerkmale: Der Stengel ist zweikantig geformt. Die Blätter sind mit durchsichtigen Punkten übersät, als wären sie mit einer Nadel durchstochen. Wenn Sie sie gegen das Licht halten, erkennen Sie diese »Löcher« ganz deutlich. Es handelt sich um Drüsen, die ätherisches Öl und Harz enthalten. Wenn Sie eine Blütenknospe zwischen den Fingern zerdrücken, dann tritt ein blutroter Saft heraus.
Kultur im Garten: Das Echte Johanniskraut gedeiht mit Vorliebe an sonnigen Wegrändern auf mageren, trockenen Böden. Geben Sie ihm auch im Kräutergarten einen ähnlichen Standort. Wichtig sind viel Licht und guter Wasserabzug; sonst ist das Kraut sehr anspruchslos. An guten Standorten vermehrt es sich von selbst durch Wurzelausläufer. Die Pflanzen benötigen 30–40 cm Abstand; sie wachsen 60–80 cm hoch. Am einfachsten ist es, wenn Sie sich eine Staude am Wegrand ausgraben. Pflanzen bekommen Sie nur in Spezial-Gärtnereien (Bezugsquellen siehe Seite 126). Die Zierformen des Johanniskrautes sind für den Kräutergarten wertlos.
Ernte und Konservierung: Den höchsten Wirkstoffgehalt hat das Johanniskraut, wenn es voll aufgeblüht ist. Schneiden Sie das ganze blühende Kraut zum Trocknen. Sehr empfehlenswert ist auch das Konservieren in Öl (Rezept Seite 57).

Beinwell

Symphytum officinale und
S. peregrinum

Andere Namen: Schwarzwurz, Beinbruchwurzel, Heilwurzel, Milchwurz, Comfrey.
Herkunft: Der Beinwell ist in ganz Europa und in Westasien zu Hause. Auf feuchten Wiesen und an Bachufern wächst er wild.
Botanischer Steckbrief: Der Beinwell ist ein Boretschgewächs *(Boraginaceae).* Er entwickelt dunkle, fleischige Wurzeln, die sehr tief in den Boden reichen. Die Stengel verästeln sich, sie sind rauh behaart und sehr wasserhaltig. Die großen, lanzettförmigen Blätter sind ebenfalls mit rauhen Haaren bedeckt. Die glockenförmigen Blüten erscheinen von Mai bis September; sie können je nach Art cremeweiß, rosa, blau oder trübviolett gefärbt sein.
Kultur im Garten: Das stark wasserhaltige Kraut mit seiner großen Blattfülle braucht, ähnlich wie der Boretsch, feuchten, nahrhaften und tiefgründigen Boden. In magerer Erde geben Sie reichlich Kompost und Tonmehl ins Pflanzloch. Eine Mulchdecke hält die Erde feucht. Der Beinwell gedeiht in der Sonne und im Halbschatten. Er braucht viel Platz, denn die Pflanzen erreichen 1–2 m Höhe und dehnen sich auch seitlich stark aus. Setzen Sie sie mit 40–50 cm Abstand. Pflanzen bekommen Sie in Staudengärtnereien und bei Spezialfirmen (siehe Anhang). Junge Stauden können Sie leicht durch abgetrennte Wurzeln vermehren. Alte Pflanzen sind so tief im Boden verankert, daß sie nicht mehr zu bewegen sind.
Ernte und Konservierung: Junge, zarte Blätter können im Frühling und im Sommer frisch gepflückt werden. Im Mai ist die günstigste Zeit, um Blätter zum Trocknen zu sammeln. Im zeitigen Frühling und im späten Herbst können Sie Wurzeln ausgraben und trocknen.

Baldrian

Valeriana officinalis

Andere Namen: Katzenkraut, Waldspeik, Mondwurzel.
Herkunft: Die Heimat des Baldrians liegt in Mitteleuropa, wo er an Bachufern, aber auch an Wiesen- und Waldrändern wild wächst. In Kleinasien und Mittelasien ist das Kraut ebenfalls zu Hause.

Botanischer Steckbrief: Baldrian stammt aus der Familie der Baldriangewächse *(Valerianaceae).* Aus einem verzweigten Wurzelstock wachsen gefurchte Stengel mit tief eingeschnittenen Fiederblättern. Von Juli bis August blüht der Baldrian. Die kleinen Blumen bilden duftige, weißrosa Trugdolden.

Kultur im Garten: An natürlichen Standorten kommt der Baldrian sowohl auf feuchten als auch auf trokkenen Böden vor. So können Sie auch im Garten zwischen den vorhandenen Möglichkeiten wählen. Das Kraut gedeiht in der Sonne und im lichten Halbschatten. Geben Sie ihm reichlich Kompost. Pflanzen Sie den Baldrian mit 30–40 cm Abstand. Die Stauden werden 1–1,50 m hoch. Pflanzen bekommen Sie in Stauden- und Spezialgärtnereien. Wenn Sie behutsam vorgehen, dürfen Sie sich auch eine Staude am Wiesenrand ausgraben und sie im Garten durch Teilung vermehren.

Ernte und Konservierung: Von älteren, eingewachsenen Pflanzen trennen Sie im Herbst einen Teil der heilkräftigen Wurzeln ab. Diese werden gedörrt, wie es auf Seite 57 beschrieben ist. Der charakteristische Baldriangeruch, der alle Katzen anlockt, entfaltet sich übrigens erst beim Trocknen!

Duftveilchen

Viola odorata

Andere Namen: Veigerl, Viole, Marienstengel.
Herkunft: Das Duftveilchen ist in Europa heimisch. Es wächst wild unter Hecken und Sträuchern, an Weg- und Waldrändern.
Botanischer Steckbrief: Das Duftveilchen gehört zu den Veilchengewächsen *(Violaceae).* Der Wurzelstock breitet sich weit im Boden aus. Daraus wachsen herzförmige Blätter. Von März bis April er-

scheinen die typischen violetten Veilchenblüten. Manchmal sind die duftenden Blumen auch weiß oder rosa gefärbt.

Kultur im Garten: Das Duftveilchen liebt halbschattige Plätze mit feuchtem, lockerem Humus. Es kann gut als Bodendecker unter Gehölzen angepflanzt werden, wo Schatten und Wurzeldruck nicht zu stark sind. Die als »bescheiden« beschriebenen Blumen wuchern sehr »selbstbewußt«, wenn sie günstige Bedingungen vorfinden. Laubkompost und ein wenig organischer Dünger bekommt den Pflanzen gut. Setzen Sie sie mit 20–25 cm Abstand, und halten Sie die Erde anfangs gleichmäßig feucht.

Pflanzen bekommen Sie in jeder guten Gärtnerei. Achten Sie aber darauf, daß es sich um das echte Duftveilchen handelt. Die großblumigen Züchtungen sind als Heilpflanzen nicht zu gebrauchen.

Ernte und Konservierung: Im Frühling (von März bis April) werden die frisch geöffneten Blüten und jungen Blätter gepflückt und getrocknet. Im Herbst (Oktober) können Sie auch die Wurzeln ausgraben und trocknen, wie es auf Seite 57 beschrieben ist.

Sauerampfer

Rumex rugosus

Andere Namen: Gartenampfer, Säuerling, Sauerlump.

Herkunft: Der Sauerampfer ist in Mitteleuropa zu Hause. Er wächst auf feuchten Wiesen und an Grabenrändern wild.

Botanischer Steckbrief: Der Sauerampfer gehört in die Familie der Knöterichgewächse *(Polygonaceae)*. Aus einer Pfahlwurzel, die sich im Boden verzweigt, wachsen glatte, pfeilförmige Blätter. Von Mai bis Juli treibt der Sauerampfer hohe, rötliche Stiele mit weißrosa Blütenrispen.

Kultur im Garten: Wie draußen auf der Wiese liebt der Sauerampfer auch im Garten feuchte, humusreiche Erde. Geben Sie ihm reichlich Kompost und etwas Tonmehl. Halbschattige Stellen sind ideal, das robuste Kraut wächst aber auch in der Sonne.

Im April können Sie Sauerampfer in Reihen mit 20–25 cm Abstand aussäen. Später zupfen Sie so viele Pflanzen heraus, bis Lücken von 10–15 cm entstehen. Trotz der lan-

gen Wurzel lassen sich die jungen Pflanzen ganz gut versetzen. Vermehrung ist durch Wurzelteilung möglich. Wenn Sie einen Teil der Blüten rechtzeitig herausbrechen, können Sie mehr Blätter ernten. Bei anhaltend heißem Wetter sollten Sie den Sauerampfer gießen. Sonst stellt er keine Ansprüche.
Ernte und Konservierung: Pflükken Sie nur junge, zarte Blätter. Konservieren lohnt nicht.

Schnittlauch

Allium schoenoprasum

Andere Namen: Prieslauch, Graslauch, Pfannkuchenkraut.
Herkunft: Der Schnittlauch ist in Europa zu Hause. Er wächst wild an feuchten Standorten.
Botanischer Steckbrief: Schnittlauch gehört in die Familie der Liliengewächse *(Liliaceae).* Er ist mit den Zwiebeln verwandt. Aus einem dicken Wurzelballen wachsen zahlreiche röhrenförmige Blätter. Von Juni bis August öffnen sich an langen, festen Stielen rötlichviolette Blütenkugeln. Die schwarzen Samen reifen gut aus und verstreuen sich leicht.
Kultur im Garten: Die saftreichen Schnittlauchstauden gedeihen am besten in nahrhaftem, etwas kalkhaltigem, feuchtem Humus. Geben Sie den Pflanzen reichlich Kompost und etwas organischen Dünger. Im Frühsommer vertragen sie einen Guß Brennessel-Jauche. Sonne und Halbschatten bekommen dem Schnittlauch gleich gut. Setzen Sie ihn mit 20 × 20 cm Abstand. Pflanzen in kleinen Containern werden überall in Gärtnereien und Gartencentern angeboten. Sie können auch ab April das Kraut im Freiland aussäen. Wenn die zarten Halme einige Zentimeter hochgewachsen sind, greifen Sie sich immer ein Büschel junger Pflanzen und setzen sie gemeinsam um. Dann bildet der Schnittlauch rasch dicke, rundliche Stauden, die 20–30 cm hoch und im Frühling leicht geteilt werden können. So verjüngen Sie Ihre Bestände.
Ernte und Verwendung: Schneiden Sie die würzigen Halme stets frisch. Im Frühling schmecken sie am besten. Nehmen Sie aber jeder Staude nur einen Teil der Blätter weg, damit sie sich wieder erholen kann. Konservieren lohnt nicht. Topfen Sie lieber einen Schnittlauchballen ein, der im Winter auf der Fensterbank austreibt.

Kurzer Kräuter-Wegweiser

Einjährige Kräuter	Wichtige Inhaltsstoffe	Duft und Geschmack
Anis (S. 66)	ätherische Öle (Anethol), Eiweiß, Fett, Zucker, Harz	süß-würzig
Basilikum (S. 70–71)	ätherische Öle, Gerbstoffe	feurig-würzig, pfeffrig-süß, sehr eigenwillig
Bohnenkraut (S. 71–72)	ätherische Öle, Gerbstoffe	kräftig-würzig, ein wenig pfeffrig-beißend
Boretsch (S. 79–80)	Schleimstoffe, Gerbsäure, Saponine, Kieselsäure, Mineralstoffe	frisch-säuerlich, ein wenig gurkenähnlich
Dill (S. 66–67)	ätherische Öle, fette Öle	Blätter: frisch-herbe Würze; Samen: kümmelartig
Kamille (S. 73–74)	ätherische Öle (blaues Azulen), Glycoside, Bitterstoffe, Flavone	typischer, etwas heuartiger Kamillenduft
Kapuzinerkresse (S. 76)	Schwefel, Vitamine, antibiotische Substanzen	frisch, ein wenig kresseartig, leichte Schärfe
Kerbel (S. 67–68)	ätherische Öle, Glycosid, Bitterstoffe	süß-würzig, ein wenig anisähnlich
Knoblauch (S. 80–81)	ätherische Öle, Vitamin A, B, C, antibiotische Stoffe (Allicin), hormonartige Stoffe	durchdringender, typischer Knoblauchduft
Koriander (S. 68–69)	ätherische Öle, fette Öle, Eiweiß, Gerbstoffe	Samen: würzig-süß
Kresse (S. 75)	ätherisches Senföl, Vitamin C, Bitterstoffe	pikant, etwas pfeffrig-scharf
Majoran (S. 72–73)	ätherische Öle, fette Öle, Gerb- und Bitterstoffe	kräftig süß-würzig, typischer Majoranduft
Melde (S. 78–79)	Saponine	spinatartig, leicht bitter
Portulak (S. 76–77)	Vitamine	frisch, säuerlich, leicht salzig

Kurzer Kräuter-Wegweiser

Verwendung in der Küche	Heilwirkung	Verwendung in der Hausapotheke
Gebäck, Soßen und Suppen	krampflösend bei Husten und Blähungen	Tee-Aufguß, mit Fenchel und Kümmel
Tomaten, Kräutersoßen, Salate, Hähnchen, italienische Gemüsegerichte	krampflösend im Magen-Darm-Bereich, nervenberuhigend	Tee-Aufguß
grüne Bohnen, Eintopf, Kartoffelgerichte, Fleisch	krampfstillend, magenstärkend	Tee-Aufguß
Salate, Gurken, Quark, kalte Soßen	herzstärkend, kräftigend, lindernd bei Rheuma	Tee-Aufguß, frischgehackte Blätter in Milch
Blätter: Salate, Soßen, Kräuterbutter, Fisch, Kräuteressig; Samen und Blüten: eingelegte Gurken, Kräuteressig	entspannend, lindert Blähungen	Tee-Aufguß, Dillsamen zusammen mit Kümmel und Fenchel
–	entzündungshemmend, krampflösend, antibakteriell bei Erkältungen	Tee-Aufguß, Dampfbäder
Blätter und Blüten: Salate; Blütenknospen, junge Samen: Kapernersatz	kräftigend, leicht abführend	–
Suppen, Salate, Soßen, Omeletts	stoffwechselanregend	frischer Saft für Frühjahrskuren
Fleisch, Soßen, Salate, Suppen, südländische Gemüse	antibakteriell, blutdrucksenkend, vorbeugend gegen Altersprozesse, allgemein stärkend	Knoblauch-Saft
Lebkuchen, Einmachgewürz (Rote Bete)	entkrampfend im Magen-Darm-Bereich	–
Salate, Soßen, Eier, Quark	stoffwechselanregend	Frühjahrskur mit frischem Kraut
Fleisch, Wurst, Hackbraten, Kartoffeln, Eintöpfe, Soßen	entkrampfend, nervenstärkend, wärmt den Magen, appetitanregend	Tee-Aufguß, Majoran-Salbe
Salat, spinatähnliches Gemüse	wirkt günstig auf die Verdauung	–
Salate, Suppen, Soßen, spinatähnliches Gemüse	blutreinigend	–

Einjährige Kräuter	Wichtige Inhaltsstoffe	Duft und Geschmack
Ringelblume (S. 74–75)	ätherische Öle, Bitterstoffe, Farbstoffe, Schleim, Harz	streng harziger Duft
Schnittsellerie (S. 69–70)	ätherische Öle, Spurenelemente, Vitamine	kräftig-würzig, leichte Süße, typischer Sellerieduft
Winterportulak (S. 77–78)	Vitamine	frisch-säuerlich
Zwiebel (S. 82)	ätherisches Senföl, Vitamin C, Glycoside	scharf-würzig, beißend, leichte Süße, typischer Zwiebelduft

Zweijährige Kräuter	Wichtige Inhaltsstoffe	Duft und Geschmack
Königskerze (S. 88)	Schleim, Saponine, wenig ätherische Öle	leicht honigartig
Kümmel (S. 83)	ätherische Öle, Harz, Gerbstoffe	leicht beißend, typischer Kümmelgeschmack
Löffelkraut (S. 85–86)	ätherisches Senföl, Vitamin C, Gerbstoffe, Bitterstoffe	leicht scharf, kresseartig, ein wenig salzig
Petersilie (S. 84–85)	ätherische Öle, Vitamin C, Mineralstoffe	herb-würziger Duft, kräftige, etwas scharfe Würze
Stiefmütterchen (S. 87)	Saponine, Gerb- und Bitterstoffe	–
Winterkresse (S. 86–87)	ätherisches Senföl, Vitamine	stark, würzig, kresseartig

Mehrjährige Kräuter	Wichtige Inhaltsstoffe	Duft und Geschmack
Alant (S. 100–101)	ätherische Öle (Alantkampfer, Azulen), Inulin	bitter-scharf, feiner Veilchenduft
Angelika (S. 89)	ätherische Öle, Angelikasäure, Gerb- und Bitterstoffe, Harz	kräftig-würziger Duft, moschusähnlich; Blätter duften nach Honig, Stengel apfelartig
Baldrian (S. 114–115)	ätherische Öle, Alkaloide, Gerbstoffe, Harz	typischer Baldriangeruch
Balsamkraut (S. 101–102)	ätherische Öle, Gerb- und Bitterstoffe	Blätter: balsamisch feines Duftbouquet, leicht bitterer Geschmack

Verwendung in der Küche	Heilwirkung	Verwendung in der Hausapotheke
Salate, Suppen, Safranersatz aus Blütenblättern	heilt Wunden und Entzündungen	Tee-Aufguß, Öl, Salbe
Suppen, Eintopf, Soßen	entwässernd	–
Salate	Stärkung der Widerstandskräfte	–
Salate, Fleisch, Suppen, Soßen, Quark, Kartoffeln	desinfizierend, antiseptisch, wundheilend, verdauungs- und appetitanregend, heilend bei Husten	Zwiebelsaft, Zwiebelsirup, Zwiebel-Umschläge

Verwendung in der Küche	Heilwirkung	Verwendung in der Hausapotheke
Blüten als Suppengewürz	schleimlösend bei Husten und Bronchitis	Tee-Aufguß
Kohl, Fleisch, Käse, Eintöpfe, Quark, Brot	löst Blähungen, magenstärkend	Tee-Aufguß, zusammen mit Fenchel und Anis
Salate	stoffwechselanregend	–
Salate, Soßen, Kartoffeln, Gemüse, Suppen	wassertreibend, Stärkung der Widerstandskraft durch Vitamin C	–
–	hustenlösend, blutreinigend	Tee-Aufguß
Salate	stoffwechselanregend	–

Verwendung in der Küche	Heilwirkung	Verwendung in der Hausapotheke
–	schleimlösend, lindernd bei Reizhusten	Tee, Wurzeln kalt ansetzen und langsam aufkochen
junge Blätter und Blattstiele: Suppen, Soßen, Salate	Wurzeln: appetitanregend, leicht krampflösend, gegen nervösen Magen	Tee, kalt ansetzen und langsam aufkochen; Badezusatz; Angelikawein
–	nervenberuhigend, gegen unruhiges Herz, Angstzustände, Schlafstörungen	Tee, Tinktur
Salate, Omeletts, Kräuterbutter	krampflösend bei Magen- und Menstruationsbeschwerden	Tee-Aufguß, Badezusatz, Kräuterkissen gegen Motten und Insekten

Mehrjährige Kräuter	Wichtige Inhaltsstoffe	Duft und Geschmack
Beifuß (S. 102)	ätherische Öle (Cineol), Bitterstoffe, Inulin, Gerbstoffe, Harz	herb-würzig, etwas bitter
Beinwell (S. 114)	Alkaloide, Schleimstoffe, Inulin, Gummi, Harz, Asparagin, Gerbstoffe, Allantoin	Blätter: frisch, boretschähnlich
Bergbohnenkraut (S. 91–92)	ätherische Öle, Gerbstoffe	kräftig-würzig, leicht pfeffrig
Brennessel (S. 108)	Nesselgift, Histamin, Ameisensäure, Vitamin C	spinatartig, aber strenger, etwas bitter
Duftblatt-Pelargonie (S. 111)	ätherische Öle (Geraniol)	je nach Art und Sorte intensiver Duft nach Zitrone, alten Rosen, Pfefferminze und Äpfeln
Eberraute (S. 102–103)	ätherische Öle, Gerb- und Bitterstoffe, Alkaloide,	herber Zitronenduft, sehr aromatisch
Estragon (S. 103–104)	ätherische Öle (Estragol), Gerb- und Bitterstoffe	fein-würzig, ein wenig süß
Fenchel (S. 89–90)	ätherische Öle, fette Öle, Mineralstoffe	süß-würzig
Johanniskraut (S. 113)	ätherische Öle, Gerbstoffe, Pectin, roter Farbstoff (Hypericin)	leicht harzig
Lavendel (S. 92–93)	ätherische Öle, Harz, Gerbstoffe, Bitterstoffe	Duft: frisch-würzig Geschmack: herb-bitter, ähnlich wie Rosmarin
Liebstöckel (S. 90–91)	ätherische Öle, Harz, Bitterstoffe, Zucker	kräftig-würzig, ein wenig in Richtung Sellerie
Malve (S. 112)	Schleimstoffe, Gerbstoffe, Malvin	–
Meerrettich (S. 107)	Senfölglycosid, Schwefel, Vitamin C	scharf und beißend
Melisse (S. 93–94)	ätherische Öle (Citral, Citronellal), Gerbstoffe, Bitterstoffe, Schleim	zitronenfrischer Duft und Geschmack
Monarda (S. 94)	ätherische Öle	streng-würzig in Richtung Thymian
Origano (S. 94–95)	ätherische Öle (Thymol), Gerb- und Bitterstoffe	thymianähnlich, kräftig-aromatisch

Verwendung in der Küche	Heilwirkung	Verwendung in der Hausapotheke
Braten, fettes Fleisch	macht schwere Speisen leichter verdaulich, appetitanregend, krampfstillend	Tee-Aufguß
Blätter: Salat, spinatähnliches Gemüse	Wurzeln: Wundheilmittel, lindert Muskelverspannungen und Schwellungen	Tee-Aufguß aus Wurzeln, Umschläge, Salbe
Bohnen, Eintopf, Fleisch, Kartoffelgerichte	entkrampfend im Magen-Darm-Bereich	Tee-Aufguß
Salat, Suppe, Gemüse	stoffwechselanregend, gegen Rheuma	Tee-Aufguß, frischer Saft
Getränke, Gelees, Süßspeisen, Soßen	–	–
kleine Mengen zu Salaten und Soßen	appetitanregend, magenstärkend	Tee-Aufguß, Mottensträuße
Salate, Soßen, Geflügel, Fisch	appetitanregend, gut für Magen und Darm	–
Fisch, Soßen, Schweinefleisch, Suppen, Gebäck	krampflösend, lindert Blähungen	Tee-Aufguß
–	äußerlich: heilend bei Brandwunden und Nerven-Rheuma-Schmerzen; innerlich: nervenberuhigend	Tee-Aufguß, Rotes Johannisöl
aparte Würze zu Geflügel, Soßen, Fisch	nervenstärkend, erfrischend, krampflösend	Lavendel-Öl, Lavendel-Spiritus, Kräuterkissen, Anti-Motten-Sträuße
Suppen, Soßen, Eintopf	harntreibend, löst Blähungen	Tee aus getrockneten Wurzeln
–	schleimlösend bei Husten und Bronchitis	Tee-Auszug mit warmem Wasser
Soßen, Fleisch, Lachs, Eier, Quark	innerlich: entwässernd; äußerlich: Umschläge gegen Rheuma	frisch geriebene Wurzeln
Salate, Soßen, Quark, Eier, Tomaten	herz- und nervenberuhigend, krampflösend, fördert das Einschlafen	Tee-Aufguß, Bäder, Kräuterkissen
Fruchtgetränke, Gelees, Obstsalat, Tee	verdauungsfördernd, hustenlösend	Tee-Aufguß
Fleisch, Soßen, Suppen, Eintopf, Pizza, Tomaten	nervenstärkend, krampflösend	Tee-Aufguß, Gurgelwasser

Mehrjährige Kräuter	Wichtige Inhaltsstoffe	Duft und Geschmack
Pfefferminze (S. 95–96)	ätherische Öle (Menthol), Gerb- und Bitterstoffe	typischer, erfrischender Pfefferminzgeruch, Geschmack leicht brennend, anschließend kühl
Pimpinelle (S. 109–110)	Gerbstoffe (Tannin), Flavone, Vitamin C	frisch, leicht säuerlich
Rosmarin (S. 96–97)	ätherische Öle (Campher), Gerb- und Bitterstoffe, Harz	Geruch: stark würzig nach Kampfer und Nadelholz Geschmack: herb-würzig, ein wenig bitter
Rainfarn (S. 104–105)	ätherische Öle (Thujon, Campher), Bitterstoffe	Duft: süßlich, stark würzig
Salbei (S. 97–98)	ätherische Öle (u. a. Campher, Thujon), Gerb- und Bitterstoffe, Saponine	kräftig-würziges Aroma, etwas streng und kampferartig
Sauerampfer (S. 116–117)	Oxalsäure, Kleesalz, Gerbstoffe, Vitamin C	frisch säuerlich
Schafgarbe (S. 105–106)	ätherische Öle (blaues Azulen), Bitterstoffe, Gerbstoffe, Harz	fein-würzig, ein wenig herb
Schnittlauch (S. 117)	ätherische Öle, Vitamin C, Mineralstoffe	kräftig-würzig, ein wenig scharf wie Zwiebeln
Thymian (S. 98–99)	ätherische Öle (Thymol), Harz, Gerb- und Bitterstoffe	kräftig-würzig, etwas herb
Tripmadam (S. 108–109)	Schleim, Gerbstoffe	fein säuerlich
Veilchen (S. 115–116)	Saponine, ätherische Öle, blauer Farbstoff	süßer Veilchenduft
Weinraute (S. 110)	ätherische Öle, Flavonglycosid, Rutin, Alkaloide	eigenartig würzig, bitterscharf
Wermut (S. 106)	ätherische Öle (Thujon, blaues Azulen), Bitterstoffe (Absinthin), Flavone, Gerbstoffe, Vitamin C und B 6	bitter-aromatisch
Ysop (S. 99–100)	ätherische Öle, Gerb- und Bitterstoffe	eigenwillig würzig, ein wenig minzeartig

Verwendung in der Küche	Heilwirkung	Verwendung in der Hausapotheke
Soßen, Marinaden, Lammfleisch	krampflösend, wärmend, wohltuend für den Magen-Darmbereich	Tee-Aufguß, Kräuterkissen, Pfefferminz-Öl
Salate, Soßen, Quark, Eier	blutstillend, antiseptisch	–
Fleisch, Tomaten, Soßen, südländische Gemüsegerichte	kreislaufanregend, nervenkräftigend	Tee-Aufguß, Kräuterkissen, Bäder
–	früher als Wurmmittel; heute nicht mehr gebräuchlich wegen Vergiftungsgefahr	trockenes Kraut gegen Insekten, Fliegen und Ungeziefer
Fleisch, Soßen, Ragout, Schinken, Käse, Aal	antiseptisch, entzündungshemmend, zusammenziehend; heilsam bei Halsschmerzen, Zahnfleischbluten und Nachtschweiß	Tee-Aufguß, Gurgelwasser
Salate, Soßen, Quark	blutreinigende Frühjahrskur zusammen mit Kresse und Brennessel	–
junge Blätter zu Salat, Eiern und Quark	appetitanregend, krampf- und entzündungslindernd bei Magen-, Darm- und Unterleibsbeschwerden	Tee-Aufguß, Bäder
Salate, Tomaten, Quark, Eier, Soßen, Omeletts	appetitanregend, gut für Magen und Darm, blutbildend	–
Fleisch, Eintopf, Soßen, Kartoffelgerichte	desinfizierend, antiseptisch, krampflösend; gut gegen Husten	Tee-Aufguß, Bäder, Kräuterkissen
Salate, Soßen	–	–
Blüten zu altmodischen Desserts, Veilchen-Essig	hustenlösend	Tee aus Blüten, Blättern und Wurzeln
kleine Mengen zu Salaten, Soßen, Hammelfleisch, Käse	in großen Mengen ist Weinraute giftig; früher gegen Kopf- und Augenschmerzen	–
fettes Fleisch, Wild, Eintöpfe	macht schwere Speisen leichter verdaulich, gut bei Magenbeschwerden	Tee-Aufguß
kleine Mengen zu Salaten und Soßen, Kräuteressig	appetitanregend, krampflösend	Tee-Aufguß

Bezugsquellen

Kräutersamen

Blauetikett Bornträger GmbH
Heil- und Gewürzpflanzen
Postfach 30
67591 Offstein

Dehner – Alles für den Garten
86640 Rain/Lech

Keller GmbH & Co. KG
Biogarten und Gesundheit
Konradstr. 17
79100 Freiburg i. Br.

Kräuterzauber
Kräuter und Duftpflanzen
Daniel Rühlemann
Am Himpberg 32
27367 Stuckenborstel
(alle Spezialitäten in großer Auswahl)

J. Lambert & Söhne
Postfach 2565
54215 Trier

Otzberg-Kräuter
Neuweg 11
64853 Otzberg-Lengfeld

Gärtner Pötschke
41561 Kaarst

Samen-Schmitz
Humboldtstr. 2
85609 Aschheim

Carl Sperling & Co.
Saatzucht
Postfach 2640
21316 Lüneburg
(auch Gründüngung)

Syringa-Versand
B. Dittrich
Postfach 1147
78247 Hilzingen
(Kräuter und Duftpflanzen)

In der Schweiz

Samen Mauser
Postfach 67
CH-8404 Winterthur

Kräuterpflanzen

Blauetikett Bornträger GmbH
Postfach 30
67591 Offstein
(u. a. Pfefferminze-Arten, Monarda, Malven, große Wildkräuter-Auswahl)

Staudengärtnerei Hagemann
Walsroder Str. 324
30855 Langenhagen

Odenwälder Pflanzenkulturen
Kayser & Seibert
Wilhelm-Leuschner-Str. 85
64380 Roßdorf b. Darmstadt

Kräuterzauber
siehe Kräutersamen

Otzberg-Kräuter
siehe Kräutersamen
(reichhaltige Auswahl, viele Spezialitäten)

Gärtnerei Simon
Staudenweg 2
97828 Marktheidenfeld
(u. a. verschiedene Salbei-Arten)

Syringa-Versand
siehe Kräutersamen

R. Wiedemann Gärtnerei
Ditzenbacher Str. 22
73312 Geislingen-Aufhausen
(u. a. Pfefferminz-Auswahl, Duftblattpelargonien!)

Staudengärtnerei
Gräfin von Zeppelin
Laufen/Baden
79295 Sulzburg

In Österreich und in der Schweiz

Gartenbau H. + H. Wagner
Gutendorf 36
A-8353 Kapfenstein

Gärtnerei Silberdistel
Ch. und U. Fotsch-Eicher
CH-3855 Brienz

Biologische Dünge- und Pflanzenschutzmittel

Spezial-Versand

Keller GmbH & Co. KG
Biogarten und Gesundheit
Konradstr. 17
79100 Freiburg i. Br.

In der Schweiz

Andermatt Biocontrol
Unterdorf
CH-6146 Grossdietwil

Stoeckler Bio Agrar AG
Neuhofstr. 5
CH-8630 Rüti/ZH

Im örtlichen Fachhandel

Die Biologischen von Neudorff
W. Neudorff GmbH KG
Postfach 1209
31857 Emmerthal

Oscorna Dünger GmbH & Co.
Biologische Pflanzenpflege
Postfach 4267
89032 Ulm

In der Schweiz

Ledona AG
Postfach 262
CH-6030 Ebikon

Register

Zahlen in Fettdruck bedeuten Hauptverweisung, Sternchen* hinter der Seitenzahl verweisen auf Abbildungen.

Ableger 25
Absenker 36
Achillea millefolium **105***
Alant **100,** 101*
Alcea rosea 112
Algenkalk 28
Allium cepa **82**
Allium sativum **80,** 81*
Allium schoenoprasum **117***
Ameisen 42
Ananasminze 96
Anethum graveolens **66,** 67*
Angelica archangelica **89***
Angelika **89***
Anis 10, **66***
Anthriscus cerefolium **67***
Apfelminze 96
Apium graveolens **69***
Armoracia rusticana **107***
Artemisia absinthium **106***
Artemesia dracunculus **103,** 104*
Artemisia vulgaris **102***
Atriplex hortensis **78,** 79*
Auspflanzen **34***
Aussaat **30,** 31*, 35
Aussaatzeiten 32

Bachminze 10
Baldrian **114,** 115*
Baldrianblüten-Extrakt 41
Balkonkasten **24,** 26*
Balkonkasten-Kräuter **24**
Balsamkraut 40, **101***
Barbarakraut **86***
Barbarea vulgaris **86***
Basilikum 33*, **70***
Basilikum-Hähnchen **62***
Bauerngärten 18, 21, 22
Blattläuse 41, 52
Blattläuse, schwarze 48
Blumenkästen 22
Beifuß **102***
Beinwell **114***
Benediktiner 10
Bergbohnenkraut **91,** 92*
Bezugsquellen **37,** 126
Bienenweide 21, 51*
Bio-Präparate 43
Bock, H. 10
Bodenvorbereitung **27,** 35
Bohnenkraut 10, 48*, **71***
Borago officinalis **79,** 80*
Boretsch, 16*, 39*, 51, **79,** 80*
Brennessel **108***
Brennessel-Jauche 30*, 41
Brennessel-Kaltwasserauszug 40*
Brunfels, O. 10

Calendula officinalis **74***
Capitulare de villis 10
Carum carvi **82***
Centifolien 24*
Chamomilla recutita **73***
Cochlearia officinalis **85***
Columnella 10
Coriandrum sativum **68***

Dill 9, 10, 20*, 45*, 49, **66,** 67*
Dioskurides 10
Dost **94**, 95*
Dränage 16, 27
Dünger **30**
Duftblatt-Pelargonien **111***
Duftkraut 40
Duftpflanzen 14, 64, 111
Duftveilchen **115***

Eberraute 40, **102,** 103*
Einfrieren **59***
Engelwurz **89***
Erdflöhe 46
Erdmischung 25*
Ernten **53**
Ernte-Zeitpunkt **53**
Estragon 16*, 39*, **103**, 104*

Fenchel 9, 10, 49, **89,** 90*
Fensterbank 60
Fensterbank-Kräuter 32, 33*
Flüssigdünger, organischer 25
Foeniculum vulgare **89,** 90*
Folientunnel 32
Fruchtwechsel 38
Frühbeet 32
Fuchs, L. 10

Galenus 10
Gewürzminze 96
Gewürzsalbei 19
Ginster 46
Gründüngung 27
Gurken 45*

Häcksler 28
Heiligenkraut 20
Heilkräuter 14
Heilsalbei 19
Hippokrates 10
Hochbeet 27
Horn-Blut-Knochenmehl 30
Hustentee 64
Hypericum perforatum **113***
Hyssopus officinalis **99,** 100*

Indianernessel **94***
Insektenstiche 63
Inula helenium **100,** 101*

Johanniskraut **113***
Johannisöl 62*

Kalk 28
Kamille 6*, 45, **73***
Kapuzinerkresse 48, 49*, **76***
Karl d. Große 10
Kerbel 10, **67***
Kleine Malve 112
Kleiner Fuchs 52*
Kleingewächshaus 32
Klima 38
Klostergärten, historische 10
Klostergarten 17*
Knoblauch 10, **80,** 81*
Königskerze **88***
Kompost 27, 28*, 30
–, grober 29
–, reifer 29
Kompostplatz 27
Kompostsilo 27, 28*
Kompoststarter 28
Konservieren **53***
Koriander 10, 49, **68***
Kräuteressig **58,** 59*
Kräuter, vorgezogene 13*, 34*
Kräutergärten, historische 9*, 11*, 17*
Kräutergarten, mobiler 22
Kräuterkasten 23*, 24*
Kräuteröle **58***
Krauseminze 10
Kresse 8*, 10, 31*, 46, 49, 50*, 60*, **75***
Kübel 22
Kümmel 10, 49, **83***

Läuse 42, 43
Lavendel 15*, 40, 49, 50*, **92***
Lavendelhecke 19*
Lavendel-Öl 3
Lavandula angustifolia **92***
Lebensbedingungen 38
Lehmboden 27
Lepidium sativum **75***
Levisticum officinale **90,** 91*
Liebstöckel 10, **90,** 91*

Register

Löffelkraut **85***
Lorbeer 9
Lorbeerbäumchen 24

Majoran **72***
Malva alcea 112
Malva moschata 112
Malva neglecta 112
Malva silvestris **112***
Malve **112***
Matthiolus, P. A. 10
Meerrettich 49, **107***
Mehltau 42
Melde **78,** 79*
Melissa officinalis **93***
Melisse 16*, **93***
Mentha × piperita **95, 96***
Mischkultur 38, 44, **48**
Möhrenfliege 44
Monarda **94***
Monarda didyma **94***
Montia perfoliata **77,** 78*
Moschus-Malve 112
Motten 40, 64
Mulch 29
Muskatellersalbei 10
Myrten 24

Nachbarschaft, ungünstige 47
Nematoden 44

Ocimum basilicum **70***
Orangenminze 96
Origano **94,** 95*
Origanum majorana **72***
Origanum vulgare **94,** 95*

Pelargonium graveolens 111*
Pelargonium tomentosum **111***
Pelargonium × citrosmum 111*
Petersilie 10, 44*, 49, **84**
–, glattblättrige 84*
–, krause 84*
Petersilienwelke 44
Pfefferminze 47*, 48, **95,** 96*
Pfefferminzpelargonie 111
Pfefferminz-Rost 45
Pimpinella anisum **66***
Pimpinelle **109***
Pflanzenschutz, biologischer **42**
Plinius d. Ältere 10
Portulaca oleracea **76,** 77*
Portulak **76,** 77*
Pyrethrum-Präparate 43

Quendel 99

Rainfarn 40, 41*, 48, **104***
Rainfarn-Tee 41, 44
Raupen 42
Raute 10
Ringelblumen 12*, 44, **74***
Rosenpelargonie 111
Rosenmalve 112
Rosmarin 10, 23, **96,** 97*
Rosmarinus officinalis **96,** 97*
Rost 42
Rumex acetosa **116***
Ruta graveolens **110***

Saatrillen 32
Salbei 10, 48, **97,** 98*
–, buntblättriger 19*
Salbeitee 64*
Salvia officinalis 19, **97,** 98*
Salvia 'Tricolor' 19*
Samenernte 57
Sandboden 27
Sanguisorba minor **109***
Santolina chamaecyparissus 20
Satureja hortensis **71***
Satureja montana **91,** 92*
Sauerampfer **116***
Sauzahn 30
Schachtelhalm 42*
Schachtelhalm-Brühe 42
Schädlingsabwehr **40**
Schafgarbe **105***
Schmierseifen-Brühe 43*
Schnecken 46
Schneckenfalle 46*
Schnitt **53,** 54*
Schnittlauch 10, **117***
Schnittsellerie **69***
Schredder 28
Sedum reflexum **108,** 109*
Sellerie 10
Senf 10
Spinnmilben 43
Spritzbrühen, pflanzliche 40
Standort **15,** 35, 38
–, heimischer 15*
–, natürlicher 16
–, schattiger 16
–, sonniger 15
–, südländischer 15*
Staunässe 16
Stecklinge 35, 36*
Steingarten 22
Steinzeit 9
Stiefmütterchen **87***
Stockrose 112
Symphytum officinale **114***

Tabernaemontanus, J. Th. 10
Tagetes 44*
Tanacetum balsamita **101***
Tanacetum vulgare **104***
Teekräuter 14*
Theophrastus 10
Thymian 7*, 9, 10, 48, **98,** 99*
Thymus serpyllum 99
Thymus vulgaris **98,** 99*
Tripmadam **108,** 109*
Trockenapparat 56*
Trockenrost, selbsgebauter 56*
Trocknen **54,** 55*
Tropaeolum majus **76***

Urtica dioica **108***
Urtica urens **108***

Valeriana officinalis **114,** 115*
Veilchen **115***
Verbascum **88***
Vermehrung **35**
Viola odorata **115***
Viola tricolor **87***
Vorkultur **32,** 33*

Wege 17
Weinraute **110***
Weiße Fliege 43
Wermut 40, **106***
Wermut-Tee 42, 44
Wilde Minze 10
Wildpflanzen 15
Winterheckezwiebel 82*
Winterkräuter **60**
Winterkresse **86***
Winterportulak **77,** 78*
Winterquartier 23
Wurzelälchen 44
Wurzelausläufer 36*
Wurzelausscheidungen 44
Wurzelballen-Teilung 36*, 37
Wurzelernte 57
Wurzelpetersilie 85
Wurzelschäden 44
Wurzelstücke 37

Ysop 7*, **99,** 100*

Zimmergewächshaus 32
Ziersalbei 19
Zitronenpelargonie **111***
Zitronemelise **93***
Zitronenthymian 99
Zwiebel 10, **82**